Sebastian Hackenschmidt
Stefan Oláh

FÜNF UND NEUNZIG WIENER WÜRSTEL STÄNDE

THE HOT 95

VERLAG ANTON PUSTET

Inhalt

Content

Daniel Spoerri

WURSTIGER KOMMENTAR ZUM DARM-INHALT

Es geht bei diesem Gewürzten, Wirren, Zerstoßenen und Vermatschten um die Wurst; das heißt um die Haut, um den Darm, um den Schlauch, in den dieser Matsch gepresst wird; um ihn zu kochen, zu dünsten, zu braten, zu grillen – damit wir ihn wieder zerkauen, zerkleinern, um ihn noch einmal einem Darm einzuverleiben; ihn verdauen, auspressen, aussaugen, bis er wieder als Metawurst auferstehen und schleunigst verschwinden und weggespült werden kann.

Damit wir nicht mit der Wurst nach dem Schinken werfen und Wurst Wurst sein lassen.

Es geht um das Wiederkauen von Leben und Tod.

Johann Christian Brand (Entwurf drawing**)/Carl Conti (Stecher** engraver**):** **„Wälsche Würste kauft!** Signori, you like-a eat Italian sossige, no?!**“, Radierung** engraving**, 1775. Blatt aus der Folge** From the series **„Zeichnungen nach dem gemeinen Volke besonders Der Kaufruf in Wien“, Wien** Vienna**, 1775.**

MEATY COMMENTS – GETTING INSIDE THE SKIN

Chopped, chewed, ground, scrunched, minced, sludged, then forced into a length of intestine – not a feast for the thin-skinned, you might think. But grilled, simmered, fried, crisp – when it comes to the crunch, we can sink our teeth into a sausage that really cuts the mustard. – So, once more from the top: chewed, chomped, scrunched, munched, down and out – and flushed away! That‘s life – in one end and out the other.

Sausages are only skin-deep...

Ausrotzerkommentar zum Darminhalt.

Es geht bei diesem gewürsteten, wissen,
zerstossenen und vermatschten um die
Wurst; das heisst um die Haut, um den
Darm, um den Schlauch in den dieses
Material gepresst wird; — um ihn zu kochen
zu dünsten, zu braten, zu grillen, —
damit wir ihn wieder zerkauen, zer-
kleinern, zermatschen um ihn noch einmal
einem Darm einzuverleiben; ihn verdauen,
auspressen, aussaugen, bis er wieder als
Metawurst auferstehen und schleunigst
verschwinden und weggespült werden
kann.
Damit wir nicht mit der Wurst nach dem ~~[illegible]~~
Schinken werfen und Wurst Wurst sein
lassen
Es geht um das Wiederkauen von Leben und Tod.

Daniel Spoerri
11. Aug. 2011

Salute Dr. ~~K~~Hackenschmitt!

Fax von from **Daniel Spoerri**
vom 11. August 2011 on 11th of August 2011

Sebastian Hackenschmidt

DIE WIENER WÜRSTEL-STÄNDE

Typisch Wien, heißt es, wenn von Würstelständen die Rede ist. Imbissstände gibt es in vielen Städten, aber die Wiener Würstelstände genießen Weltruf – sie sind eine geradezu legendäre Institution! Nicht nur gelten sie als integraler Bestandteil der kulinarischen Landschaft Wiens, sie gehören gewissermaßen auch zum sozialen Inventar der Stadt: Hier – so ein verbreiteter Gemeinplatz – disputieren Hackler mit Prominenten bei einer „Haßen", verbrüdern sich Direktoren mit Taxifahrern bei „Woidviatla" und „Käsekraina", tauschen Hausfrauen, Akademikerinnen und Hofratsgattinnen über einem Paar „Frankfuata" Klatsch und Tratsch aus. Weit über die Befriedigung flüchtiger Bedürfnisse hinaus legen die Würstelstände damit ein charakteristisches Lebensgefühl nahe, das in immer neuen Geschichten und Anekdoten, Legenden und Gerüchten seinen Ausdruck findet – bis hinein ins Phrasenhafte. So hat die fortwährende Beschwörung der Imbissstände als nationales – beziehungsweise lokal Wienerisches – Kulturgut schon einen erheblichen Anteil an ihrem Mythos. Wenn ich mir als Nicht-Wiener diese Einschätzung erlauben darf, sind die Wiener Würstelstände aber in der Tat außergewöhnlich, und zwar sowohl in quantitativer wie in qualitativer Hinsicht: Nach wie

Friedrich Philipp Reinhold: „Würstelstand mit Kunden sausage-stand with customers**", Aquarell, mit Pinsel in Weiß gehöht, über Bleistift** pencil, watercolour, white highlights, **1814–15. Albertina, Wien** Vienna, **Inv. Nr.** inv. no. **6283.**

VIENNESE SAUSAGE-STANDS

"Typically Viennese" is the usual comment when people talk about the Würstelstand. Many towns have street food stalls, but Viennese sausage-stands are a legendary institution, known all over the world. Not only are they an integral part of Vienna's culinary landscape, but they are almost a pillar of the city's social structure – blue-collar workers disputing with celebrities over a "Hasse" [lit. hot one], executives fraternizing with taxi drivers over "Woidviatla" [lightly smoked Bologna sausage] and "Käsekraina" [Polish kransky sausage with Emmental cheese], housewives, academics and 'Right Honourables' exchanging the latest gossip over a pair of "Frankfuata" [frankfurters]. Thus, far beyond simply gratifying transitory appetites, the sausage-stand represents a characteristic lifestyle expressed in stories and anecdotes, legends and rumours – even clichés. The continuing evocation of the sausage-stand as a national – or rather, Viennese – cultural asset constitutes a considerable proportion of the myth surrounding it. My observation as a non-Viennese is that Viennese sausage-stands are indeed unique – in quantity as well as quality: in the city centre as well as the outlying suburbs, there are still a great number of stands offering a wide range of sausages with all the trimmings. They are the most important port of call for travellers and locals alike when it comes to the (savoury) crunch – summer and winter, from the early morning until late at night.

From a culinary point of view, Vienna indubitably has its very own, refined sausage-stand culture; the most obvious parallel – despite the differences – would be the extensive range of coffee specialities offered in the Viennese coffee-houses, which enjoy an even more legendary status: "Coffee – yes, but what kind?" This same complex question arises with the sausages: they may not be better or worse than those offered at German sausage-stands, but compared with any other snack culture, Vienna definitely stands out when it comes to the representative product range at its sausage-stands. Burenwurst, Debreziner, Waldviertler, Käsekrainer, Bratwurst, Frankfurter and Leberkäse are part of the standard repertoire at most sausage-stands. Then – aside from concessions to trends such as hot dogs and curry-wurst [fried pork sausage seasoned with curry ketchup; of German origin] – there are various condiments and accompaniments, such as freshly grated horse-radish, sweet or spicy mustard, pickled gherkins, chilli peppers or onions, as well as a great variety of bread, rolls and drinks (mainly beer).

vor gibt es, in der Innenstadt wie in den Außenbezirken, eine große Anzahl an Ständen, die eine beeindruckende Palette an Würsten und Beilagen offerieren. Für Einheimische wie für Reisende sind sie der wichtigste Anlaufpunkt, wenn es um die Wurst geht – sommers wie winters, von morgens früh bis spät in die Nacht. Und dass die Wurst eine Sache auf Leben und Tod ist, daran hat ja bereits der Künstler Daniel Spoerri in seinen einleitenden Worten eindringlich erinnert ...

Ganz ohne Zweifel besitzt Wien, vom kulinarischen Standpunkt aus betrachtet, eine eigene, ausdifferenzierte Würstelstandkultur, die – bei allen Unterschieden – ihre offensichtlichste Parallele wohl im reichhaltigen Angebot der Kaffeespezialitäten in den noch um einiges sagenumwobeneren Wiener Kaffeehäusern besitzt: „Kaffee ja, aber welchen?", wie es immer so schön heißt. Und wie beim Kaffee ist dies auch bei der Wurst keine einfache Frage: Mögen die Würste im Einzelnen auch nicht besser oder schlechter sein als diejenigen, die etwa an deutschen „Wurstbuden" offeriert werden, so ragt doch das für die Stadt Wien repräsentative Assortiment der Würstelstände im Vergleich der verschiedenen Imbisskulturen deutlich hervor. Burenwurst, Debreziner, Waldviertler, Käsekrainer, Bratwurst, Frankfurter und Leberkäse gehören zum Standard-Repertoire der meisten Würstelstände; dazu kommen – neben Zugeständnissen an den Zeitgeschmack wie Hot-Dog-Variationen oder Curry-Wurst – diverse Zutaten wie frisch geriebener Kren, süßer und scharfer Senf, wahlweise eingelegte Gurken, Pfefferoni und Perlzwiebel sowie verschiedene Gebäckoptionen und eine reichhaltige Auswahl an Getränken (hauptsächlich Bier!).

Über ihre – zweifellos vorhandene – Bedeutung als „geschmackliche Visitenkarten“[1] hinaus wird einem jedoch bisweilen vermittelt, man habe es bei den Würstelständen in Wien mit Kultstätten zu tun, an denen sich bestimmte gesellschaftliche Initiationsriten vollziehen: Der berüchtigte „Wiener Schmäh“ beispielsweise gehört – so will es ein entsprechender Eintrag auf Wikipedia – bei den „originalen“ Wiener Würstelständen unbedingt zur Konversation; zudem herrsche hier ein komplexer Jargon, „den zu erlernen einem Ortsfremden nahezu unmöglich“[2] sei. Bestellungen wie „a Eitrige mit an Bugl, an Schoafn und a Hüsn“ oder „a Haaße aufgschnitn mit an Siaßn und an Scheazl, und a Sechzehnablech dazua“ zählen zwar längst zum gängigen Wien-Klischee, können aber von Nicht-Wienern allenfalls artig rezitiert werden wie ein auswendig gelerntes Mundart-Gedicht von H.C. Artmann („Repeat after me: ‚a r ogschöde buanwuascht‘“).[3] Doch selbst für die Wiener kann die Erlangung der Hoffähigkeit an einem bestimmten „Wiaschtlschtand“ regelrecht zur *rite de passage* **werden, wie es ein in dieser Hinsicht erfolgreicher Schriftsteller aus Favoriten einmal beschrieben hat: Nach verschiedenen Mutproben konnte der junge Daniel Glattauer eine Klobasse wie einen Siegerpokal entgegennehmen – „Es war meine erste echte Burenwurst.“[4] Kurz: Die Würstelstände werden von den Wienern als ureigenes Charakteristikum ihrer Stadt anerkannt und dienen als solches auch der Außendarstellung. Vom Volksmund authentifiziert und mit reichen literarischen Würdigungen versehen, sind die Würstelstände längst auch von der Tourismusindustrie in den Rang einer echten Wiener Sehenswürdigkeit erhoben; frei nach dem Motto: Wien – „wo die Intelligenz vom geselligen Duft der Würsteleien zehrt.“[5]**

On top of their undoubted status as “hallmarks of taste”[1], we sometimes get the impression that Viennese sausage-stands are more like cult sites where certain social initiation rituals are performed: the notorious “Wiener Schmäh” [Viennese banter], for instance, is regarded as an indispensable part of the conversation at “original” Viennese sausage-stands; this goes along with a complex jargon which is apparently impossible for outsiders to master.[2] Orders might be placed with expressions such as “a Eitrige mit an Bugl, an Schoafn und a Hüsn” [lit. a pus-filled one with a hump, hot spice and a tube = a polish cheese kransky with a roll, spicy mustard and a beer] or “a Haasse aufgschnitn mit an Siassn und an Scheazl, und a Sechzehnablech dazua” [lit. a hot one, sliced with sweet and a heel, and a no.16 tin with it = a Waldviertler sausage, sliced with sweet mustard and a heel of bread, and a can of Ottakringer beer]. Such phrases have long been part of the popular Viennese cliché, but non-Viennese can only attempt to repeat them as they would a dialect poem by H.C. Artmann (“Repeat after me: ‘a r ogschöde buanwuascht’”).[3] But as a competent author from Favoriten [10th district of Vienna] once put it, achieving acceptance at a particular sausage-stand can turn into a regular rite of passage, even for the Viennese: after a number of valiant attempts, the young Daniel Glattauer received his klobassa like a victor’s trophy – “it was my first real Burenwurst”.[4] In short, the Viennese consider the sausage-stand peculiar to their city and therefore an important part of its image. Authenticated in the vernacular and amply represented in literature, the Viennese sausage-stand has long been elevated to the status of a genuine Viennese tourist attraction. Vienna – where the “companionable aroma of sausage” is popularly held to have an invigorating effect on the brain.[5]

Especially in conservative circles, it is often observed with regret that the “authentic” Viennese sausage-stand is in decline; the multi-cultural range of “foreign” dishes such as Doner kebab, gyros, pizza, hamburger and French fries, or “exotic” delicacies such as burek, falafel, langos, wok noodles and spring rolls are increasingly being sold as fast food. The social changes in Vienna over recent decades have indeed had an effect on the street vendors. Generally this would not be such a negative development: the culinary variety of a city that owes its “internationality” not only to its visitors, but also to its inhabitants.[6] But alas, the

Mit großem Bedauern wird indes – vor allem aus konservativeren Kreisen – immer wieder festgestellt, dass sich der „echte" Wiener Würstelstand im Niedergang befinde: Zu übermächtig sei das multikulturelle Angebot „fremdländischer" Speisen wie Döner, Gyros, Pizza, Hamburger und Pommes Frites oder so „exotischer" Gerichte wie Börek, Falafel, Langosch, Wok-Nudeln und Frühlingsrollen, die nun ebenfalls vermehrt als Fast-Food offeriert würden. In der Tat hat sich die gesellschaftliche Veränderung Wiens in den letzten Jahrzehnten auch auf dem Gebiet der Imbissstände niedergeschlagen – was prinzipiell ja sehr zu begrüßen ist: Es manifestiert sich auf diese Weise die kulinarische Vielfalt einer Stadt, die ihre „Internationalität" schließlich nicht allein ihren Besuchern, sondern auch ihren Bewohnern verdankt.[6] Leider scheint aber die Rivalität der verschiedenen Küchen im Kampf um Kunden nicht notwendigerweise zu einer Qualitätssteigerung zu führen – im Gegenteil: Der Druck, die Konkurrenz vor allem preislich unterbieten zu müssen, bewirkt allzu oft einen deutlichen Verfall der Standards, von der Auswahl der Lebensmittel über die Ausbildung des Personals und die generelle Ausstattung bis zu den hygienischen Ansprüchen, die den gesetzlich vorgeschriebenen Mindestanforderungen wohl gerade noch entsprechen: Keinen Inspektor gab es ja nur bei Kottan.[7]

Diese Entwicklung hat natürlich auch die Würstelstände auf den Prüfstand der national-multikulturellen Konkurrenzfähigkeit gebracht: Während viele Betreiber dem wirtschaftlichen Wettkampf nachgegeben und ihre Palette einfach erweitert haben (Pizza, Kebab, Burger, Schnitzel, Pommes und Würstel gibt es nun häufig an ein und demselben Stand[8]), haben andere Inhaber versucht, die besondere Geschmackskultur des Wiener Würstelstands aufleben zu lassen – und sie damit erst wirklich zur

[1] Peter Payer: Der Geschmack der Stadt. Der Wiener Würstelstand – Nahversorger und Imageproduzent, in: Geschmacksache. Was Essen zum Genuss macht, exhibition catalogue. Vienna Technical Museum 2008, pp 74–81, here p 78.

[2] Cf. http://de.wikipedia.org/wiki/W%C3%BCrstelstand (last sighted in September 2012).

[3] Cf. H.C. Artmann: wos an weana olas en s gmiad ged (1959), in: Sämtliche Gedichte, ed. by Klaus Reichert, Salzburg 2003, p 220.

[4] Daniel Glattauer: Es war einmal in Favoriten, in: Elisabeth Hölzl (ed.): Im Banne der Burenwurst. Der Würstelstand als Wille und Vorstellung, Vienna/Munich 2001, pp 5–25, here p 24.

[5] Anton Kuh: Metaphysik und Würstel (before 1931), in: Luftlinien, Feuilletons, Essays und Publizistik, ed. by Ruth Greuner, Vienna 1981, pp 226–228, here p 227.

[6] Vienna owes the wide range of sausage specialities to the diversity of its population who – as should be stated at this point – speak an international language: just the names of all the sausages melt in the mouth.

[1] Peter Payer: Der Geschmack der Stadt. Der Wiener Würstelstand – Nahversorger und Imageproduzent, in: Geschmacksache. Was Essen zum Genuss macht, Ausst.-Kat. Technisches Museum, Wien 2008, S. 74–81, hier S. 78.

[2] Vgl. http://de.wikipedia.org/wiki/W%C3%BCrstelstand (Stand September 2012).

[3] Vgl. H.C. Artmann: wos an weana olas en s gmiad ged (1959), in: Ders.: Sämtliche Gedichte, hg. von Klaus Reichert, Salzburg 2003, S. 220.

[4] Daniel Glattauer: Es war einmal in Favoriten, in: Elisabeth Hölzl (Hg.): Im Banne der Burenwurst. Der Würstelstand als Wille und Vorstellung, Wien/München 2001, S. 5–25, hier S. 24.

[5] Anton Kuh: Metaphysik und Würstel (vor 1931), in: Ders.: Luftlinien, Feuilletons, Essays und Publizistik, hg. von Ruth Greuner, Wien 1981, S. 226–228, hier S. 227.

[6] Der Vielfalt seiner Bevölkerung verdankt Wien nicht zuletzt auch seine Wurstspezialitäten, die – daran sei an dieser Stelle nochmals erinnert – eine internationale Sprache sprechen: Man lasse sich allein die Namen der Würste einmal auf der Zunge zergehen!

[7] Die Lebensmittelkontrolle obliegt dem Wiener Marktamt (MA 59) und seinen Lebensmittelinspektoren.

[8] Diese Lokalitäten verzichten allerdings meist auf die Bezeichnung „Würstelstand".

„Marke" gemacht. Sie zelebrieren eine Würstelstandkultur, die von der obligatorischen Auswahl verschiedener Brüh-, Brat- und Grillwürste (die zumeist gleich aufgeschnitten werden) über die vielfältigen Möglichkeiten, die Würste geschmacklich zu verfeinern und abzurunden, bis hin zum Geschirr reichen kann, das an manchen Ständen – ganz wider die eigentlichen Gesetzmäßigkeiten des Schnellimbiss – zum Verzehr vor Ort angeboten wird. Nicht umsonst wird der Wiener Würstelstand bisweilen – früher eher spöttisch, inzwischen mit Stolz – als das „kleine Sacher" bezeichnet. Und auch wenn er sich dadurch noch keineswegs als Tempel der Kulinarik ausweist, ist der Würstelstand längst zu einer „Geschmacksinstanz" geworden, die zu ignorieren, wie es der Wiener Historiker und Stadtforscher Peter Payer unlängst formuliert hat, „man sich heute kaum mehr leisten kann."[9] Der Mythos lebt!

Angesichts der sagenhaften Bedeutung der Wiener Würstelstände für das nationale (oder zumindest das Wiener) Selbstbewusstsein ist es dann doch erstaunlich, dass der Begriff „Würstelstand" auch äußerst abschätzig verwendet wird – in einer Bedeutung, der in Deutschland wohl der sprichwörtliche „Saftladen" entspräche. Belegt sei dies im Folgenden anhand einiger – es gäbe weitaus mehr! – Passagen aus den Protokollen des österreichischen Parlaments. Wer sich die Mühe macht, die ganzen Mitschriften zu durchforsten, wird gewahr, dass Politik häufig nur die Fortsetzung des Würstelstands mit denselben Mitteln darstellt:

rivalry of the various cuisines in competition for customers does not necessarily result in quality improvement – on the contrary: the pressure of having to beat the prices of the competition leads all too often to a lowering of standards, ranging from the choice of ingredients through staff training and equipment, to hygiene standards within the facilities, which barely meet the minimum legal requirements.

This development has naturally put the sausage-stand and its multi-cultural competitive capacity to the test. While many owners have given in to the economic contest and expanded their product range (pizza, kebab, burgers, schnitzel, fries and sausages, now often all sold at one stand[7]), others have tried to rekindle the unique traditional culture of the Viennese sausage-stand, with the ultimate goal of making it a true "trademark". They celebrate a "sausage-stand culture" including everything from the obligatory choice of boiled, fried and grilled sausages (mostly served sliced into bite-size pieces) through the numerous ways of seasoning the sausages and rounding off the flavour, to the chinaware some stands offer instead of traditional paper plates. This may be the reason why the Viennese sausage-stand is referred to as the "kleines Sacher" [little Sacher][8] – formerly with a mocking connotation, now with pride. Even if it is still far from being a temple of the culinary arts, the sausage-stand has long become an "arbiter of taste" which, according to a recent statement by Viennese historian and urban researcher Peter Payer, we can hardly afford to ignore today.[9] The legend lives!

In view of the legendary significance of the Viennese sausage-stand for national (or at least Viennese) self-confidence, it seems surprising that the term "Würstelstand" can be used disparagingly, implying disorganisation and complete chaos. This is demonstrated in the following excerpts (there are many possible examples) from protocols of the Austrian parliament. If one were to go through all the minutes, it would soon become apparent just how often politicians seem to use "Würstelstand" in this sense:

„Ich lasse es nicht zu, dass Sie die Arbeit des Verkehrsausschusses in der Art und Weise abqualifizieren, dass Sie sie mit einer Würstelstand-Politik vergleichen."

(ÖVP-Abgeordneter Werner Miedl an die Adresse des SPÖ-Abgeordneten Alfred Gusenbauer, 2003) [10]

„Beide sitzen völlig beteiligungslos da: so, als ob es da um irgendeinen Würstelstand ginge und nicht um den ORF."

(SPÖ-Abgeordneter Josef Cap an die Adresse von Staatssekretär Franz Morak und ÖVP-Bundesparteiobmann Wilhelm Molterer, 2006) [11]

„Wir sind davon ausgegangen, dass die Firma zu den von ihr genannten Terminen lieferfähig ist. Das ist ja kein Würstelstand-Betreiber, sondern das ist ja ein seriöses Unternehmen der Hochtechnologie, bitte."

(Offizier des österreichischen Bundesheeres Erich Wolf im Untersuchungsausschuss zur Eurofighter-Affäre, 2007) [12]

Da verwundert es auch nicht, dass anlässlich der im Parlament hitzig debattierten möglichen Wiener Weltausstellung ein angedachter „Weltwürstelstand" (Grünen-Abgeordneter Peter Pilz) zu einem „Weltwurstelstand" (SPÖ-Abgeordneter Kurt Eder) mutierte.[13] Nicht immer handelt es sich bei solchen Äußerungen um unfreiwillige Komik – im Gegenteil: Der Würstelstand-Vergleich ist im österreichischen Parlament als gezielter Schlag unter die Gürtellinie intendiert. In diesem Sinne treffend war auch die geradezu prophetische Volte, die der Wirtschaftswissenschaftler Alexander Van der Bellen, Abgeordneter der Grünen, bereits 1998 im Nationalrat der Bankenaufsicht vor den (Hosen-)Latz knallte: „Das muß man sich einmal vorstellen: Ich mache einen Würstelstand auf, schreibe ‚Bank' darüber. Und was blüht mir dann?"[14] Genau – inzwischen wissen wir es auch!

[7] Though these establishments renounce the claim to be called „Würstelstand".

[8] see below for detailed story.

[9] Peter Payer, as in footnote 1, p 8.

[9] Peter Payer, wie Anm. 1, S. 8.

[10] Protokoll der 41. Sitzung des Nationalrates der Republik Österreich, XXII. Gesetzgebungsperiode, 4. Dezember 2003, http://www.parlament.gv.at/PAKT/VHG/XXII/NRSITZ/NRSITZ_00041/fname_014532.pdf (Stand September 2012).

[11] Protokoll der 158. Sitzung des Nationalrates der Republik Österreich, XXII. Gesetzgebungsperiode, 12. Juli 2006, http://www.parlament.gv.at/PAKT/VHG/XXII/NRSITZ/NRSITZ_00158/fname_069221.pdf (Stand September 2012).

[12] Protokoll des Untersuchungsausschusses betreffend Beschaffung von Kampfflugzeugen, 20. Sitzung, 20. Februar 2007, http://www.parlament.gv.at/PAKT/VHG/XXIII/KOMM/KOMM_00057/imfname_080793.pdf (Stand September 2012).

[13] Protokoll der 149. Sitzung des Nationalrates der Republik Österreich, XVII. Gesetzgebungsperiode, 28. Juni 1990, http://www.parlament.gv.at/PAKT/VHG/XVII/NRSITZ/NRSITZ_00149/imfname_142970.pdf (Stand September 2012).

[14] Protokoll der 145. Sitzung des Nationalrates der Republik Österreich, XX. Gesetzgebungsperiode, 4. November 1998, http://www.parlament.gv.at/PAKT/VHG/XX/NRSITZ/NRSITZ_00145/fname_114279.pdf (Stand September 2012).

Es scheint also, als sei der von Robert Musil in „Der Mann ohne Eigenschaften" konstatierte Modus des „Fortwurstelns" auch im heutigen Post-Kakanien der präferierte Grundsatz staatlicher Wirtschafts- und Weltpolitik.[15] Aber zurück zu den wirklichen Würstelständen – die freilich nicht die klassisch-tradierte Institution im Bild der Stadt Wien sind, für die man sie vielleicht halten mag. Im Unterschied zur den bereits erwähnten „altehrwürdigen" Wiener Kaffeehäusern, die sich bis in das 17. Jahrhundert zurückverfolgen lassen, gibt es feststehende Imbissstände noch gar nicht so lange. Denn erst im Zuge der Industrialisierung bildete sich, vor allem in den größeren Städten, eine öffentliche Imbisskultur aus, die der Umstellung auf Fabrikarbeit sowie den damit zusammenhängenden langen Arbeitswegen und kurzen Arbeitspausen geschuldet war: „Die Essenspause bot durch ihre Kürze und durch die gegebene Verkehrssituation nicht mehr die Möglichkeit zur Erholung oder gar zum Genuß, sondern war im Arbeitsprozess nur transitorisch als Schnellimbiss eingebettet."[16]

Im 19. Jahrhundert wurden Würste zunächst noch von fliegenden Händlern mit Handkesseln oder Schubkarren angeboten oder von ambulanten Ständen, die häufig vor den Toren der Fabrik oder an den Verkehrsknotenpunkten stationiert waren – und von denen uns heute allenfalls noch die Öfen der Maroni-Verkäufer einen Eindruck vermitteln. Im frühen 20. Jahrhundert kamen dann vermehrt Wägen auf, aus denen heraus die Würste verkauft und die täglich zu einem Stammplatz gebracht wurden. In der 1919 verfassten Geschichte vom „kleinen Sacher" – die vermutlich zugleich die metonymische Redewendung erklärt – hat der Schriftsteller Joseph Roth genau diesen Wandel vom Karren zum Wagen beschrieben:

I will not tolerate your blatant disqualification of the traffic committee's work – comparing it with Würstelstand politics.

(Austrian People's Party MP Werner Miedl, to Socialist MP Alfred Gusenbauer, 2003)[10]

They're both just sitting there, totally lethargic – as if we were dealing with some Würstelstand, rather than the Austrian Broadcasting Company.

(Socialist MP Josef Cap, on undersecretary Franz Morak and People's Party leader Wilhelm Molterer, 2006)[11]

We assumed that the company would be capable of delivering on the dates they themselves put forward. For goodness' sake, this isn't a Würstelstand vendor, it's a reputable high-tech enterprise.

(Austrian army officer Erich Wolf at the investigating committee for the Eurofighter corruption scandal, 2007)[12]

No wonder, then, that in a vehement debate in the Austrian parliament over a possible Vienna World Exhibition, the suggestion of a (Green) politician for a "Weltwürstelstand" [world sausage-stand] was promptly twisted by a (Socialist) colleague into "Weltwurstelstand" [world muddling stand].[13] Such statements are not always unintentionally comic – on the contrary: in the Austrian parliament, the "Würstelstand" comparison is intended as a deliberate hit below the belt. Thus a (prophetic) remark by another (Green) politician to the National Council for bank supervision in 1998 hit home like a slap with a wet towel: "Just imagine – I open a sausage-stand and write 'Bank' above it; and then see what happens!"[14] Exactly – now we've seen just that!

It seems, then, that the method of "muddling through" [Durchwursteln] (as described by Robert Musil in The Man without Qualities) is still, in our modern post-Kakania, the preferred fundamental principle of state economic and world policy.[15] Turning our attention back to the real sausage-stands – they are of course not the classic traditional Viennese institutions we may think they are. As opposed to the afore-mentioned time-honoured Viennese coffee houses, which can be traced back to the 17th century, the stationary sausage-stands have not existed for very long at all. Street food

[10] Minutes of the 41st session of the Austrian National Assembley, legislation period XXII, 4 December 2003, http://www.parlament.gv.at/PAKT/VHG/XXII/NRSITZ/NRSITZ_00041/fname_014532.pdf (last sighted in September 2012).

[11] Minutes of the 158th session of the Austrian National Assembley, legislation period XXII, 12 Juli 2006, http://www.parlament.gv.at/PAKT/VHG/XXII/NRSITZ/NRSITZ_00158/fname_069221.pdf (last sighted in September 2012).

[12] Minutes of the investigating committee concerning the acquisition of Eurofighters, 20th session, 20.02.2007, http://www.parlament.gv.at/PAKT/VHG/XXIII/KOMM/KOMM_00057/imfname_080793.pdf (last sighted in September 2012).

[13] Minutes of the 149th session of the Austrian National Assembley, legislation period XVII, 28 Juni 1990, http://www.parlament.gv.at/PAKT/VHG/XVII/NRSITZ/NRSITZ_00149/imfname_142970.pdf (last sighted in September 2012).

[14] Minutes of the 145th session of the Austrian National Assembley, legislation period XX, 4 November 1998, http://www.parlament.gv.at/PAKT/VHG/XX/NRSITZ/NRSITZ_00145/fname_114279.pdf (last sighted in September 2012).

[15] Robert Musil: Der Mann ohne Eigenschaften [1930–43], 2 volumes, Reinbek 1978, volume 1, p 361.

[15] Robert Musil: Der Mann ohne Eigenschaften [1930–43], 2 Bde., Reinbek 1978, Bd. 1, S. 361.

[16] Birgit Knop/Martin Schmitz: Currywurst mit Fritten. Von der Kultur der Imbissbude, Zürich 1983, S. 32. Vgl. dazu auch Ulrich Tolksdorf: Der Schnellimbiss, in: Michael Andritzky (Hg.): Oikos. Von der Feuerstelle zur Mikrowelle. Haushalt und Wohnen im Wandel, Gießen 1992, S. 300–307.

[17] Joseph Roth: Der kleine Sacher (1919), in: Ders.: Riviera in Kagran, Wien 2010, S. 79–82, hier S. 79ff.

„Vor einem Jahr noch zog ihn ein Karren durch die Straßen. Heute schleppt *er* einen Wagen. Ehemals hatte er überhaupt keinen Namen. Keine Firma. – Er war zwar kein Niemand. Aber ein Irgendwer. Ein Würstelverkäufer. Ein Gattungsexemplar. Heute hat er sogar einen Titel. Mehr: eine Schutzmarke. Noch mehr: Popularität. Er übersprang jene Stufe auf der Leiter eines Würstelverkäuferlebens, auf der man seinen Namen auf ein Schild malt. Aus einem Würstelverkäufer wurde er – aus Hochachtung möchte ich sagen: *ward* er, also ward er ein Sacher. Ein kleiner zwar, aber ein Sacher. Das nenn' ich Karriere.

Ein Sacher hat es nicht notwendig, durch die Straßen Würstel spazierenzuführen. Den Leuten nachzulaufen. Zu einem Sacher müssen die Leute selbst kommen. Deshalb schleppt er seinen Wagen bloß einmal täglich zu seinem ‚Stand'. […] Der kleine Sacher besteht aus drei Hauptteilen: Da ist zuerst ein Wagen, dann eine Frau, dann er selbst. Der Wagen hat die Höhe eines Wächterhäuschens und steht auf einem Rädergestell. Man sieht es dem Wagen an, daß er sich aus einem Karren hochentwickelt hat. Im Anfang waren die Räder. Jetzt sind sie immer noch da. Die Frau ist groß, stark, blondhaarig, blauäugig. Eine etwas billige Germaniakopie. Ein viereckiger Ausschnitt in der Wagenwand – das Fenster – faßt ihre Blondheit ein. Sie nimmt die Bestellungen entgegen und erteilt ihrem Mann Aufträge."[17]

Einem anderen bedeutenden österreichischen Schriftsteller, Jura Soyfer, ist dagegen ein typischer Dialog aus den 1930er-Jahren zu verdanken, der wohl nur deshalb heute nicht mehr im Wortlaut stattfindet, weil es in Wien kaum mehr einen mobilen

Würstelwagen „auf Achse" gibt.[18] Das Politisieren über die Lage im Allgemeinen und im Besonderen erscheint dagegen nach wie vor glaubwürdig und dürfte noch immer auf ähnliche Weise geführt werden:

> **... no, Herr Lunzer, und was sagen S' zu der Lage – i mein ganz allgemein?**
>
> **Ganz allgemein, Herr Lechner, möcht i nur sagen: es ziagt. Es ziagt direkt lebensgefährlich! Aber da können Sie nix dafür, das kommt von dem katastrophalen Umschlag in ganz Europa. So an scharfen Wind ham ma scho lang net g'habt!**
>
> **Daß S' immer politisieren müssen, Herr Lunzer! I red doch von der Lage von mein Würstelwagen!**
>
> **No und was glauben S', von was tu i reden? Schaun S', die Lage wird so lang net stabil sein, bis wir nicht a neuche Achse eing'setzt ham.**
>
> **Was? Scho wieder? Grad vur a paar Tagen is do erscht ane montiert wurn? Und die soll doch angeblich das Gleichgewicht garantieren!? [...]**
>
> **Na hör'n S', Herr Lechner! Jetzen geht's do auf Biegen und Brechen! Um d' Würscht geht's! Jetzt, wo ma fertig san mit dem ganzen Werkel, woll'n S' ma Ihrern Standpunkt net sagen?**
>
> **Wo's um d' Würscht geht, hab i kann Standpunkt net, Herr Lunzer![19]**

Zu definitiven Standpunkten kam es gewissermaßen erst ab den 1960er-Jahren, als in Wien die feststehenden Stände erlaubt wurden, die bis heute das Erscheinungsbild der Stadt prägen. Wenn es sich bei diesen Imbissständen zumeist um ein Phänomen ano-

culture developed only in the course of industrialisation – particularly in the larger cities – due to the change to factory production and the concomitant longer work commutes and shorter breaks. The shorter meal breaks no longer allowed workers time for rest, let alone refreshment, but rather only "a quick bite within the working process".[16]

In the 19th century, sausages were sold by travelling vendors with portable pots or wheel barrows or mobile food carts, which were frequently stationed at the gates of factories or at major traffic junctions; today's roast chestnut vendors with their mobile ovens best convey the concept of that time. At the beginning of the 20th century there was an increasing number of food wagons with regular selling spots, selling sausages. In the story Der kleine Sacher, written in 1919 – which presumably also explains the metonymic figure of speech – author Joseph Roth accurately describes this transition from cart to wagon:

> A year ago, a cart was still pulling him through the streets. Now he's hauling a food wagon. Once he had no name. No business. – He wasn't a nobody, though. He was somebody. A sausage-vendor. A specimen of a genus. Today he even has a title. More: a trademark. More still: popularity. He missed out the rung on the ladder of a sausage-vendor's life where he paints his name on a signboard. From a sausage-vendor he became – let me show my respect by saying: evolved into – a Sacher. A small one, true, but a Sacher. That's what I call a career.
>
> A Sacher doesn't need to take sausages for walks through the streets. To run after people. People have to come to a Sacher. So he only has to haul his wagon once a day to his "stand". [...] The "little Sacher" consists of three main parts: first of all, there is his wagon, then a woman, then himself. The wagon is about the height of a sentry-box and stands on a wheeled frame. You can see that it has been built up from a cart. In the beginning were the wheels. They are still there. The woman is tall, sturdy, blonde, blue-eyed. A rather cheap Germania copy. Her blondness is framed in a rectangular aperture in the wall of the wagon. She takes the requests and gives orders to her husband.[17]

[16] Birgit Knop/Martin Schmitz: Currywurst mit Fritten. Von der Kultur der Imbissbude, Zurich 1983, p 32. cf. also Ulrich Tolksdorf: Der Schnellimbiss, in: Michael Andritzky (edf.): Oikos. Von der Feuerstelle zur Mikrowelle. Haushalt und Wohnen im Wandel, Gießen 1992, pp 300–307.

[17] Joseph Roth: Der kleine Sacher (1919), in: Riviera in Kagran, Vienna 2010, pp 79–82, here p 79ff.

[18] In dieser Hinsicht ist der mobile Stand an der Ecke von Mariahilfer Straße und Neubaugasse eine Besonderheit – wenn auch keine Antiquität.

[19] Jura Soyfer: Bilder um einen Würstelwagen (undatiert), in: Ders.: Naschmarkt, 2 Uhr früh, Wien 2010, S. 80–81.

[20] Vgl. Roland Rainer: Anonymes Bauen im Nordburgenland, Salzburg 1961; Raimund Abraham: Elementare Architektur, Salzburg 1963.

[21] Robert Venturi/Denise Scott Brown/Steven Izenour, Lernen von Las Vegas: Zur Ikonographie der Geschäftsstadt, Braunschweig/Wiesbaden, 1979, S. 105.

[22] Ebd., S. 18.

[23] Jon von Wetzlar: Sind so kleine Buden, sehn so hässlich aus, in: Ders./Christoph Buckstegen (Hg.): Urbane Anarchisten. Die Kultur der Imbissbude, Marburg 2003, S. 47–48, hier S. 47.

Since the sausage is so rooted in Viennese culture, puns and figures of speech around "Wurst" have become part of everyday language – not least when people discuss politics, a favourite topic at the sausage-stand, where the world is regularly put to rights.

Jura Soyfer, another well-known Austrian writer, provides a typical humorous (though quite untranslatable) 1930s dialogue concerning the broken axle of a mobile sausage-stand. This gives rise to a discussion at cross-purposes, the sausage vendor with only his sausages and his axle in mind, his interlocutor intent on politics (German "Achse" means both "axle" and "axis", and "Wurst" is used in a dialect expression meaning "the crunch has come"). This dialogue would not be heard in present-day Vienna, since there are hardly any mobile sausage-stands on the road – apart from the one on the corner of Mariahilferstrasse and Neubaugasse, though it is not strictly speaking an antique.

nymer Architektur handelt, so doch nicht in dem Sinn, in der Architekten wie Roland Rainer oder Raimund Abraham im Burgenland und im Alpenraum elementaren Bauweisen abseits akademischer Traditionen und industrieller Technologien nachspürten.[20] Vielmehr sind es kommerzielle Zweckbauten in der Tradition provisorischer Pavillons und Kioske, die weniger unter architektonischen, als vielmehr unter stadtethnologischen und konsumsoziologischen Gesichtspunkten interessant sind. Als funktionelles Gehäuse, die mit Botschaften versehen sind – weithin lesbare Schriftzüge, Reklametafeln und Produktwerbungen, bebilderte Speisekarten, Preisschilder und neonbeleuchtete Firmenlogos etc. – stellen die Würstelstände im Wesentlichen „dekorierte Schuppen" dar: Als solche hatten die Architekten Robert Venturi, Denise Scott Brown und Steven Izenour in ihrer einflussreichen Studie „Learning From Las Vegas" einst Bauwerke bezeichnet, deren „Raum und Struktur direkt in den Dienst der Nutzung gestellt und Verzierungen ganz unabhängig davon nur noch äußerlich angefügt werden."[21] Und tatsächlich scheint die kommunikative Botschaft der Werbetafeln die formal-architektonischen Elemente der Würstelstände zu dominieren – im Sinne der Architekten um Robert Venturi eine „Heraldik der Verführung",[22] die keinen Zweifel daran lässt, dass es hier heiße Würstel gibt.

Demgemäß muss der „verzehrwillige Konsument" – so eine Publikation zur „Kultur der Imbissbude" – „im Stadtbild schnell den Ort erkennen, das Angebot überschauen und die Auswahl treffen können. Entscheidend dafür sind die auffällige Kleinheit des Bauwerks, die spezifisch strukturierte Ausformung, die muttersprachliche Originalität der die Basisinformationen liefernden Schriftzüge sowie die willkürliche Anordnung der Informationsträger."[23] Die meist anspruchslos gestalteten und

vorwiegend mit Werbung dekorierten Schuppen laden die Passanten dabei nicht zur Einkehr in einen Gastraum ein, sondern lediglich – so die Wurst nicht überhaupt mit auf den Weg genommen wird – zu einem Schellimbiss an aufgestellten Stehtischen oder einer am Stand befestigten Konsole. Selbst dort, wo – wie etwa zwischen Oper und Albertina – der Versuch gemacht wurde, Würstelstände „planerisch" zu gestalten, wird nur umso augenfälliger, dass es hier vornehmlich um die funktionell und ökonomisch möglichst reibungslosen Abläufe von Wirtschaftsunternehmen geht: „Gestalterisch sollten die Stände offen und transparent erscheinen, Speisen und Produkte einsehbar und in Vitrinen und Schaufenstern inszeniert. Der Stand als Objekt kann zeichenhaft wirken, aber nicht plump. [...] Das alles ist weniger eine Frage des Stils; planerisch einzugreifen heißt hier vor allem auch, das Innenleben organisieren und technische Anforderungen zu ordnen, sonst wird das hübscheste Kleid am Ende nicht gut passen, weil hier etwas durchdrückt und dort etwas drübersteht."[24] Angesichts der vielen „ungeplanten" Würstelstände – größtenteils in billiger Schlosserarbeit umgebaute Hütten und Container aus Aluminium, Stahl oder Holz[25] – ist vor der Albertina freilich etwas entstanden, das sich in Anlehnung an die schicke Edel-Tankstelle hinter dem Burgtheater am ehesten als „Würstel-Boutique" bezeichnen ließe.[26]

In einem unlängst erschienenen Zeitungsartikel hat Gregor Schuberth, der Architekt dieses Wurststands, auf die „typologische Nähe zum Strandkiosk und mobilen Eiswagen" verwiesen.[27] Diese Typenlehre ließe sich auch um wesentliche Elemente der „Stadtmöblierung" erweitern, die hinsichtlich des baulichen Volumens und der Materialverwendung ebenfalls in verwandtschaftlicher Beziehung zu den Imbissständen stehen – Bushaltestellen, Telefonzellen,

Fixed locations were not established until the 1960s, when permanent stands – which are now part of the overall image of the city – were officially permitted in Vienna. If these snack-stands are mostly a phenomenon of anonymous architecture, this is not in the sense of the basic construction methods – unrelated to academic tradition and industrial technologies – which architects such as Roland Rainer or Raimund Abraham investigated in Burgenland and the Alpine region.[18] It is more commercial functional buildings in the tradition of temporary pavilions and kiosks that are interesting, less from architectural than from that of urban-ethnological and consumer-sociological points of view. As functional casings bearing clearly visible messages – advertisements, illustrated menus, price-lists, non-illuminated logos, etc. – the sausage-stands are essentially "decorated sheds". This was what architects Robert Venturi, Denise Scott Brown and Steven Izenour, in their influential study Learning From Las Vegas, called buildings "where systems of space and structure are directly at the service of program, and ornament is applied independently of them."[19] The communicative message of the advertisement boards does in fact seem to dominate the formal architectural elements of the sausage-stands – a kind of "heraldry of seduction"[20], as the Venturi architects had it, which leaves no doubt that hot sausages are available here.

According to this, the "hungry consumer" – as stated in a publication on the culture of the snack-stand – should readily be able to identify the place, be aware of the products offered and make his choice. Decisive factors are the striking smallness of the building, specific structural features, the vernacular creativity of the basic information boards and their random placement.[21] These "sheds", with their mostly unspectacular décor, do not invite passers-by into a dining-room, but merely – if the sausage is not simply taken to eat on-the-go – for a quick snack at a bar fixed to the stand or nearby bar tables. Even in the areas – such as between the Opera and the Albertina Museum – where an attempt at "designing" the sausage-stands has been made, it is still quite evident that the main objective is functionality and smooth running of the enterprise. In design terms, the stands should be open and transparent, and products openly presented in display cases. The general appearance of the stand can be emblematic, but not crude. It is not so much a question of style; any intervention in the planning would involve primarily the organisation of the "inner workings" and technical requirements – otherwise the prettiest dress will end up not fitting properly because one part is too tight and another bit sticks out.[22] In view of the many "unplanned" sausage-stands – mainly cheaply converted huts or containers of aluminium, wood or sheet metal[23] – the structure in front of the Albertina could be compared with the chic up-scale petrol station behind the Burgtheater and would most appropriately be referred to as a "sausage-boutique".[24]

[18] Cf. Roland Rainer: Anonymes Bauen im Nordburgenland, Salzburg 1961; Raimund Abraham: Elementare Architektur, Salzburg 1963.

[19] Robert Venturi/Denise Scott Brown /Steven Izenour: Lernen von Las Vegas: Zur Ikonographie der Geschäftsstadt, Braunschweig/Wiesbaden, 1979, p 105.

[20] ibid., p 18.

[21] Jon von Wetzlar: Sind so kleine Buden, sehn so hässlich aus, in: Christoph Buckstegen (ed.): Urbane Anarchisten. Die Kultur der Imbissbude, Marburg 2003, pp 47–48, here p 47.

[22] Gregor Schuberth: Zum Stand der Wurst, in: Die Presse, 30. 06. 2012, Spectrum, p VII.

[23] Cf. no author: Die (fehlende) Architektur der Wiener Wurst, in: Die Presse, 21.05.2011, p 14.

[24] Due to its prominent location close to the Burgtheater, the petrol station built by Rupert Falkner and Katsuhito Mitani was suspected of being a „stage set" in itself: [K]eine Tankstelle, vielmehr eine Tankstellen-Inszenierung, eine Benzin-Boutique. Cf. Jan Tabor /Regina Haslinger: Architektur und Industrie. Betriebs- und Bürobauten in Österreich 1950–1991, Vienna 1991, p 113. Similar assumptions can be made about the sausage-stand designed by Schuberth & Schuberth architects; it seems to have become a „stage-set" for guests at the Vienna Opera Ball.

Recycling-Container und City-Light-Poster. Gebilde wie diese haben einen nicht zu knappen Anteil an dem, was der niederländische Architekt Rem Koolhaas als „Junk-Space" bezeichnet hat: „Wenn Space-Junk – Weltraummüll – der von Menschen stammende Schrott ist, der das Universum zunehmend verschandelt, so ist Junk-Space das, was die Menschheit auf unserem Planeten hinterlassen wird. Das gebaute [...] Resultat der Modernisierung ist nicht moderne Architektur, sondern Junk-Space. Junk-Space ist das, was nach der Modernisierung übrigbleibt, oder, genauer gesagt, das, was gerinnt, während die Modernisierung stattfindet, ihr Fallout."[28] Gewiss will Koolhaas in seinem Essay eher auf „die Summe unserer heutigen Architektur" insgesamt hinaus, doch seine polemische Definition von Junk-Space als dem „Ergebnis des Aufeinandertreffens von Rolltreppe und Klimatisierung, empfangen in einem Brutkasten aus Gipskartonplatten"[29] trifft den speziellen Eindruck von Imbissständen gar nicht schlecht: Wenn Junk-Food eine der präferierten Ernährungsweisen des heutigen Menschen ist, dann ist Junk-Space der öffentliche Raum, in dem er sich dabei bewegt. Dieser Gedanke muss aber vielleicht doch etwas relativiert werden, denn hauptverantwortlich für die Allgegenwart von Junk-Space sind in erster Linie die global operierenden Konzerne und Unternehmen, deren Geschäftsgebäude, Filialen und Handelskettenniederlassungen die Innenstädte weltweit gleich aussehen lassen; die Imbissstände in ihrer meist ungestalteten Uniformität sind da nur eine Marginalie.

In Wien besteht nun die etwas paradoxe Situation, dass die Würstelstände als topografische Besonderheit und spezifische Erlebnisorte geltend gemacht werden und zugleich Teil der ubiquitären Verkehrs-, Konsum- und Kommunikationsräume sind, jener beschleunigten Transiträume wie Hotels, Flughäfen, Autobahnraststätten,

[24] Gregor Schuberth: Zum Stand der Wurst, in: Die Presse, 30. 06. 2012, Spectrum, S. VII.

[25] Vgl. ohne Autor: Die (fehlende) Architektur der Wiener Wurst, in: Die Presse, 21. 05. 2011, S. 14.

[26] Aufgrund ihrer prominenten Lage in der Nähe des Burgtheaters geriet die 1990 von Rupert Falkner und Katsuhito Mitani fertig gestellte Tankstelle kurz nach ihrer Entstehung in den Verdacht, selbst ein „Bühnenbild" zu sein: „[K]eine Tankstelle, vielmehr eine Tankstellen-Inszenierung, eine Benzin-Boutique." Vgl. Jan Tabor/Regina Haslinger: Architektur und Industrie. Betriebs- und Bürobauten in Österreich 1950–1991, Wien 1991, S. 113. Ähnliches kann auch von dem durch das Architekturbüro Schuberth & Schuberth in Opernnähe errichteten Würstelstand angenommen werden, der sich als „Bühnenbild" für Opernball-Besucher bereits bewährt zu haben scheint.

[27] Schuberth, wie Anm. 24.

[28] Rem Koolhaas: Junk-Space, in: ARCH+, Nr. 149/150, 2000, S. 55–59, hier S. 55.

[29] Ebd. Ein Schelm, wer hier an die umgebaute Albertina denkt!

Einkaufszentren oder Fußgängerzonen, die der französische Anthropologe Marc Augé als „Nicht-Orte" charakterisiert hat.[30] Mag schon sein, dass die Würstelstände teils als „bodenständig" gelten oder spektakulär gelegen sind – man denke nur an den Stand am Schwarzenbergplatz im Schatten des Ferstel-Baus, der heute das Burgtheater Kasino beherbergt. Insgesamt vermitteln die Würstelstände jedoch weit überzeugender die Flüchtigkeit der dort eingenommenen Mahlzeiten als eine von zwischenmenschlichen Beziehungen oder einer gemeinsamen Geschichte geprägten, geselligen Esskultur – seien sie nun planerisch gestaltet oder nicht! Damit soll der bewussten Gestaltung von Imbissständen keineswegs die Legitimität abgesprochen werden; ob allerdings die Anlehnung an die sozial distinguierenden Oberflächen exklusiver Luxusshops und gehobener Lifestyle-Venues dabei die adäquaten Mittel sind, sei hier zumindest bezweifelt. Mithin scheint es auch eher eine Frage des sozialen Gebrauchs denn der architektonischen Gestaltung zu sein, ob ein Stand zu einem Ort wird, an dem Stammgäste bei geeigneter Witterung Stunden verweilen und den Schnellimbiss zu einem Dauerzustand ausweiten oder ob er als Nicht-Ort nur die transitorische Aufmerksamkeit erfährt, die seiner strategisch bevorzugten Lage an den stark frequentierten Straßenkreuzungen, Platzanlagen und Zugängen der öffentlichen Verkehrsmittel entspricht. Und solange die Würstelstände als öffentliche Orte ohne Zugangsbeschränkung fortbestehen, bleibt es den Konsumenten auch selbst überlassen, ob sie das Würstel als Junk-Food hinunterschlingen oder als Delikatesse genießen wollen.

Die vorliegende Publikation versucht nicht, ein nostalgisches Idealbild einer Wiener Besonderheit zu zeichnen; auch versteht sie sich weder als komplettes Verzeichnis sämtlicher Würstelstände der Stadt,

In a recent newspaper article, Gregor Schuberth, the architect who designed this sausage-stand, likened it to a beach refreshment stall or an ice-cream van.[25] This typology could be expanded by essential elements of "city furnishings" related to food stalls in constructional volume and use of material – bus stops, telephone booths, recycling containers and city-light posters. Such objects form a significant part of what Dutch architect Rem Koolhaas calls "junkspace": "If space-junk is the human debris that litters the universe, junk-space is the residue mankind leaves on the planet. The built [...] product of modernization is not modern architecture but Junkspace. Junkspace is what remains after modernization has run its course or, more precisely, what coagulates while modernization is in progress, its fallout."[26] In his essay, Koolhaas is surely referring to "the sum total of our current achievement", although his polemic definition of junkspace as the "product of the encounter between escalator and air conditioning, conceived in an incubator of sheet-rock"[27] is not at all a bad illustration of the impression evoked by snack-stands: if junk food is one of the preferred diets of present-day man, then junkspace is the public space in which he moves. This notion, however, still needs to be put into perspective, since the main parties responsible for the omnipresence of junkspace are globally operating companies whose commercial buildings, branches and subsidiaries make city centres worldwide look the same; snack-stands, in their usually random uniformity, are of only marginal significance here.

In Vienna, we have the paradox situation that sausage-stands are considered a topographical peculiarity and regarded as leisure venues, while at the same time forming part of the omnipresent traffic-, consumer- and communication-spaces – places of accelerated transit, such as hotels, airports, motorway rest areas, shopping centres and pedestrian areas, which French anthropologist Marc Augé characterised as "non-places".[28] It is quite possible that sausage-stands are seen partly as "indigenous" or that they are found in spectacular locations – this brings to mind the one on the Schwarzenbergplatz in the shadow of the Ferstel building which today houses the Burgtheater casino. Altogether, however, the sausage-stands convey far more convincingly the fleeting nature of the meals consumed there, than a convivial eating culture characterised by interpersonal relationships or a common history – whether or not they have been specially designed. This is by no

[25] Schuberth, as in footnote 22.

[26] Rem Koolhaas: Junk-Space, in: OCTOBER 100, Spring 2002, p 175.

[27] NOT a reference to the modernisation of the Albertina…

[28] Marc Augé: Non-Places: Introduction to an Anthropology of Supermodernity, London 1995.

[30] Vgl. Marc Augé: Nicht-Orte (1992), München 2010.

[31] Georges Perec: Annäherung an was? (1973), in: Ders.: Warum gibt es keine Zigaretten beim Gemüsehändler?, Bremen 1991, S. 7–10, 7f.

means intended to disqualify the legitimacy of specially designed snack-stands. It is doubtful, however, whether attempted imitation of the glamorous décor of luxury shops or upmarket lifestyle venues is an appropriate strategy. Hence, it seems more a question of social custom than of architectural design, whether a sausage-stand becomes a place where regular customers – when the weather conditions are favourable – will linger for hours and make the quick snack into a real occasion, or whether, as a non-place, it receives only the passing attention merited by its prime location at heavily frequented intersections, squares and approaches to public transport. As long as sausage-stands remain public places with no access restrictions, it is left to consumers to choose whether they wolf down the sausages like junk food or savour them as delicacies.

This book does not attempt to create a nostalgic image of a distinctive Viennese feature, nor does it claim to be a complete directory of sausage-stands, nor yet a typology of the various manifestations of the sausage-stand. Instead, the 95 photographs in this book depict a representative cross-section of the currently existing Viennese sausage-stands. The principal criterion for choosing the 600 or so Viennese snack-stands was the fact that they sold sausages – no matter whether they also offered kebab, pizza, noodles or ice cream –, because it seems to be precisely this range of establishments, from pure sausage-stands to multi-cultural snack-stands, that best illustrates the current state of the constantly changing and developing culture of the Viennese sausage-stand. The focus is on the inner-city districts – not with the intention of devaluing the stands outside the Gürtel [ring road surrounding

noch als Typologie der verschiedenen Ausprägungen von Imbissständen. Stattdessen zeigen die 95 Fotografien dieses Buchs einfach einen repräsentativen Querschnitt der derzeit in Wien existierenden Würstelstände. Wichtigstes Kriterium für die Auswahl aus den etwa 600 Wiener Schnellimbissständen war es, dass Wurst angeboten wurde – egal, ob es daneben auch Döner, Pizza, Nudeln oder Eis zu kaufen gab: Denn genau die Spannbreite zwischen reinen Würstelständen und multikulturellen Imbissständen scheint den gegenwärtigen „Stand" der sich ständig verändernden und weiterentwickelnden Kultur der Wiener Würstelstände zu markieren. Das Hauptaugenmerk liegt dabei auf den inneren Bezirken – nicht, um die Stände außerhalb des Gürtels oder jenseits der Donau abzuwerten, sondern weil hier das Stadtbild am sichtbarsten von dieser Kultur geprägt wird.

In seinen Fotografien für dieses Buch nähert sich Stefan Oláh dem Thema „Würstelstände" auf gewohnt präzise Weise: Die Aufnahmen haben dokumentarischen Charakter und zeigen ein breites Spektrum an Ständen in unterschiedlichen urbanen Situationen, zu verschiedenen Jahres-, Tages- und Nachtzeiten, mal mit, mal ohne Personal, Kundschaft und Passanten. Entsprechend ihrer fast „beiläufigen" Postierung in der Stadtlandschaft Wiens werden sie aber nicht zu außergewöhnlichen Bauwerken oder Sehenswürdigkeiten auratisiert, sondern in ihrer Alltäglichkeit und Zufälligkeit eingefangen – gewissermaßen als das „Infra-Ordinäre" im Unterschied zum Extra-Ordinären, wie es der Schriftsteller Georges Perec einmal auf den Punkt gebracht hat: „Das, was jeden Tag geschieht und jeden Tag wiederkehrt, das Banale, das Alltägliche, das Selbstverständliche, das Allgemeine, das Gewöhnliche, das Infra-Gewöhnliche, das Hintergrundgeräusch, das Übliche …"[31] Für die Bewohner Wiens sind die Würstelstände

tatsächlich „infra-ordinär“, ein so gewohnter und allgegenwärtiger Anblick, dass sie ihnen kaum noch auffallen. In dieser Hinsicht lässt sich auch behaupten, dass es sich um ein bislang vernachlässigtes Phänomen handelt, selbst wenn die Stände ein Mythos und ihre Erzeugnisse in aller Munde sind.

Mit nüchternem Blick – die Konsumation fand grundsätzlich erst nach der Aufnahme statt – und mit sorgfältiger Aufmerksamkeit für Details, Atmosphäre und den richtigen Moment erfasst Stefan Oláh die Eigenart der Wiener Würstelstände, ohne die Umgebung und den städtischen Kontext aus dem Auge zu verlieren. So haben sich neben den Würstelständen auf vielen Bildern typische Kennzeichen der Stadt Wien eingeschlichen – repräsentative Bauten und Denkmäler wie die Karlskirche, das Riesenrad im Prater, die Oper, das Volkstheater, das Ernst-Happel-Stadion, die Anlagen der Stadtbahn, der Franz-Josefs-Bahnhof oder das Hundertwasser-Haus. Die Fotografien bekunden somit auch eine Art Perspektivwechsel: Die Motive, die üblicherweise im Mittelpunkt stehen, sind eher zufällig in die Bilder gelangt, während nun mit den Würstelständen dasjenige in den Fokus gerät, was bei den typischen Wienbildern meist ausgespart bleibt. Oláh zeigt die Wiener Würstelstände so wie sie sind – ganz „ungeschminkt“ und ohne Effekthascherei oder technische Spielereien. „Fotografisch“ sind seine Aufnahmen dabei wohl insofern, als jedes Foto auch als einzelnes Bild funktioniert. Doch an sich verfolgt dieses Buch einen anderen, einen konzeptionellen Ansatz: Das „wirkliche“ Bild der Wiener Würstelstände ergibt sich erst aus der Serie, aus der Summe der hier abgebildeten Fotografien.

the inner city] or on the opposite side of the Danube, but because the urban image of the inner city is most perceptibly influenced by this culture.

In his photographs for this book, Stefan Oláh approaches the sausage-stand in his usual precise manner. The pictures have a documentary quality and show a wide range of stands in various urban settings, at different times of the year, day and night-time, with and without staff, customers and passers-by. In keeping with their almost “incidental” positioning within Vienna’s urban landscape, the sausage-stands are not glorified as remarkable buildings or tourist sights, but rather captured as casual every-day objects – almost like the “infra-ordinary” as opposed to the extraordinary, or as the author Georges Perec once put it quite aptly: What happens every day and recurs every day: the banal, the quotidian, the obvious, the common, the ordinary, the infra-ordinary, the background noise, the habitual...[29] For the inhabitants of Vienna, sausage-stands are indeed “infra-ordinary”, such a familiar and ubiquitous sight that they hardly even notice them any longer. In this sense, one could say that they are a phenomenon that has been neglected until now, even if the stands are fabled and their produce is “on everyone’s lips”.

From a sober point of view – sampling generally took place after the shoot – and with great attention to detail, atmosphere and the right moment, Stefan Oláh captured the peculiarity of the Viennese sausage-stands, without losing sight of the urban context. Thus many of the pictures feature typical Viennese landmarks – representative buildings and monuments such as the Karlskirche [St. Charles’s Church], the Riesenrad [ferris wheel] at the Prater, the State Opera, the Volkstheater, the Ernst Happel stadium, the metropolitan railway, the Franz Joseph Station and the Hundertwasser house. The photos therefore also express a certain change of perspective; the motifs that would normally be in the foreground appear in the pictures almost by chance, while the sausage-stands, representing what is usually avoided in typical images of Vienna, are the central focus. Oláh shows us Viennese sausage-stands as they really are – warts and all and entirely without special effects or technical editing. His pictures can be considered “photography” to the extent that each photograph works as a picture in its own right. This book, however, aims at a different conceptual approach; the “real”

[29] Author Georges Perec coined the phrase "infra-ordinary" in his essay "Approaches to What?" (1973).

[30] Sebastian Hackenschmidt/Stefan Oláh: Sechsundzwanzig Wiener Tankstellen, Amsterdam 2010.

[32] **Sebastian Hackenschmidt/Stefan Oláh: Sechsundzwanzig Wiener Tankstellen, Amsterdam 2010.**

image of the Viennese sausage-stands emerges only from the series as a whole.

Finally, I should perhaps mention the number of photographs in this book. In our first collaboration Sechsundzwanzig Wiener Tankstellen [Twenty-Six Viennese Gas Stations][30], Stefan Oláh and I announced that our next project was to be Forty-Two Viennese Sausage Stands. These seem to have multiplied; we hope that readers are sufficiently well-disposed to forgive us.

Zum Schluss noch eine kleine Anmerkung zur Anzahl der Fotografien in diesem Buch: In unserer ersten gemeinsamen Publikation – den *Sechsundzwanzig Wiener Tankstellen*[32] **– hatten Stefan Oláh und ich als nächstes Projekt** *Zweiundvierzig Wiener Würstelstände* **angekündigt. Dass es nun doch ein paar Aufnahmen mehr geworden sind, werden uns die geneigten Leser hoffentlich nachsehen!**

MANNERBÜNDE SIND UNSEXY
architektur
UNG & INFORMATION
EN-& SCHWULENHAUS

WÜRSTELBOX

GRILLWURST
Coca-Cola
Caritas
&Du

Würstelstand
Coca-Cola
Coca-Cola
ORIENTNIGHT
RADATZ

Jaca's
Villacher
Jaca's
Villacher

FRÜHSTÜCK FRÜHSTÜCK
Grill Würstel
Kebap & Pizza
Grill Würstel
NOODLES
NOODLES
NOODLES

HOT DOG KEBAB
BIER + HOT-DOGS
Würst
Hühner-"Kebab"
Kalte Getränke & Heiße Wurst
Coca-Cola
WÜRSTEL - EXPRESS
Coca-Cola
MYTHOS

WIENER STÄDTISCHE
STURMAYR
WIENER WÜRSTL
WIENER WÜRSTL
Coca-Cola
Gekühlte Getränke!
WEIN
WEIN
SÄFTE
CLINIQUE
Marionnaud
Coca-Cola

KAISER BIER
IMBISS
Coca-Cola
IMBISS
Coca-Cola
Coca-Cola
ZUCKERWATTE
€
2.00
HOT DOG
KÄSEKRAINER
LANGOS

ARTUR
Essen & Trinken
Coca-Cola
KLOBASSI HOT-DOG
GRILLWURST
ENUHREN

COMICS

HEISSE WURST
Coca-Cola
Ottakringer
Hot Dog
Bratwurst
Coca-Cola
Coca-Cola

WÜRSTEL-SALON
HERMANN'S
HOT DOG
KÄSEKRAINER
oder KUBASSE
€ 3.60
Hol dir dein Coke
Gösser Bier
zero

Trink
Coca-Cola
Ziel: Erfrischung
BUFFET
Trink
Coca-Cola
Ziel: Erfrischung
Coca-Cola
Coca-Cola
Coca-Cola

Terminal 1A

EIS
GELATERIA
Coca-Cola
GRILL
IMBISS
Coca-Cola
TORNADO

HOTDOG BIER COFFE
Wurst
Hot Dog
HOT-DOG
WEIN

LEBERKÄSE
BIER
Cold Drinks here!
KÄSEKRAINER
LEBERKÄSE
FRANKFURTER
BURENWURST
PFEFFERWURST
PUSZTAWURST
WALDVIERTL
BRATWURST
Coca-Cola
Coca-Cola

MATRATZEN
BETTEN
POLSTERM
Joka
WIENER WÜRSTELSTAND
WIENER WÜRSTELSTAND
Bratwurst
Hot Dog
Burenwurst
Leberkäse
Käsekrainer
Getränke
Frankfurter
...UND NOCH VIEL MEHR !
GROSSER ABVERKAUF
wegen Sortimentswechsel
WILDSTYLE
& TATTOO
MESSE 11

WURST STADL
HOT DOG CAFE COLD DRINKS
ESKIMO
CURRYWURST
PFEFFERWURST
GRILLWURST
KÄSEKRAINER
BRATWURST
HOT DOG
ICE COLD
Coca-Cola
SOLD HERE
MONSTER
COFFEE
TO GO
2.20

WIENER WÜRSTELSTAND

BIG MAMA

BIG MAMA
www.derwürstelstand.at
RADATZ
Schmeckt
BIG MAMA
www.bigmama.at
BIG MAMA

WÜRSTEL
WAGGON

HIETZING IMBISS

WURSTWAREN

VIENNA SPORTHOTEL
Zimmer
Tennis
Indoorgolf
Sauna
Solarium
Swimmingpool
Restaurant
FAIKO'S IMBISS
Coca-Cola
FAIKO'S IMBIS
ausgen.
HASSE
Coca-Cola

2 Damen vom Grill
FUSSPF

HEISSE WURST u.
KALTE GETRÄNKE
Gösser
IMBISS
Gösser
Coca-Cola
eisgekühlte
GETRÄNKE
cold Drinks
Almdudler
BRATWURST
BURENWURST
KÄSEKRAINER
LEBERKÄSE
HOT DOG

Riesen-Hot-Dog
Bratwürstel
Indisches Restaurant
Koh-i-noor
seit 1966
Indian Cuisine
1. MARC AUREL-STR. 8
Tel.: 01/535 00 80
1., Hoher Markt

WÜRSTELINSEL
Kurzparkzone
gebührenpflichtig
Parkdauer: 2 Std.
Anfang
HOT DOG
HOT DOG

Gösser
Zur Karin
Almdudler
APEROL SPRITZER 2,80€
ANFANG
GÖSSER 0,5L 2,80,-
ESKIMO
EIS
Almdudler
Gösser
Gösser
Gösser
HUNDE-TANKSTELLE.
FUTTER SUPER. WASSER NORMAL.
ESKIMO

KucKuck
Zum
Schnaps
Bier
Café
Gösser
Hot Dog
Mais
Pommes
Langos
Bier GÖSSER
Pommes
Hot Dog
Coca-Cola

Gourmet BOX
HOT DOG BIER CAFE
Coca-Cola
Coca-Cola

Würstelmausi
www.wuerstelmausi.at

IMBISS
ENDSTATION
Pilsner Urquell
Coca-Cola
Hot Dog

ORIGINAL WIENER WÜRSTELSTAND
HOTDOG LEBERKÄSE
DIV. WÜRSTEL
TRUNKEL
SOS

Der 49er
Würstelstand
Almdudler

EFES
SCHNITZEL
KEBAB
HOT DOG
EFES
evangeliumsgemeinde

WÜRSTELSTAND

Praha
Brno
A4 Budapest
Wiens Musiksender.
1,6%
www.wuerstelstandleo.at
LEO
HOT DOG
CAFE - BÄCKEREI

BOSNA
WÜRSTEL

ALBERTINA

Würstelstand Imbiss
KEBAP EUROPA PLATZ
HÖRGER

Gösser Bier
WÜRSTL
HOT-DOG
M.FRIT.
LEBERKÄS
STAND
FLIESEN-MOSAIK
PFLASTERUNGEN
FLIESEN
HERPEN
POMMES FRITES
HEISSE WURST

ZUR OPER
HOT DOG
ZUR OPER
EGYPTAIR
PUNSCH
W 70937 I

A1
Einfach A1.
HOT DOG
A1
KEBAB
HAPPY
NOODLES
WÜRSTEL
NOOD
Musik Müller

IMBISS
WÜRSTELSTAND
Original Wiener
WÜRSTELSTAND

Rochus Würstl
Rochus Würstl
Rechtsanwalt

ALMRAUSCH
ABFALL

Alt Wiener Würstel
Alt Wiener Würstelstand
STURM
STURM

Currywurst Berliner Art 2,8
HEISSE WÜRSTEL
Spezial
Curry Wurst
Berliner Art
2,90

Coca-Cola
G'SUNDES ECK
Ottakringer
G'SUNDES ECK
Ottakringer
ESKIMO
ESKIMO

PRIMA BRATWÜRSTEL
HEISSE WURST
HOT DOG
Coca-Cola

Coca-Cola
Coke
WÜRSTELSTAND
am Quellenplatz
Coca-Cola
Coke
Coca-Cola
Coke
Alkoholfreie
Getränke

RÖMERQUELLE
belebt die Sinne
SCHARTNER BOMBE
KLOBASSE 10 dag
BRATWURST
FRANKFURTER
KÄSEKRAINER
gekocht 10 dag
INKL. BROT u. SENF
ONLINE SHOP

IMBISS
WÜRSTEL ECK
Gösser
BIER
SK RAPID WIEN
BOSNA SCHNITZEL HOTDOG
Hotdog Bosna
SCHNITZEL
BOSNA
BRATWURST
GEKÜHLTE
GETRÄNKE
RAPID
SK RAPID WIEN

THE Real DELICIOUS HOT DOGS!
HOT DOGS
Real HOT DOGS on wheels!
Miroir

HOT DOG
Heisse
Wurst
HOT DOG
HOT DOG
HOTDOG
ARAL
Ölservice

WÜRSTELSTAND
NOODLES
TIME

Bank Austria
ÖBB
GSZ ENT RUM
WÜRSTELSTAND
9., Julius Tandler-Platz

ABB
Coca-Cola
WÜRSTELSTAND
Trink Coca-Cola
Halt an und erfrisch dich
WÜRSTELSTAND
ZUR HASS'N WURZ'N
HEISSE WÜRSTEL
WURSTSPEZIALITÄTEN
BURENWURST
FRANKFURTER
DEBREZINER
KÄSEKRAINER
HOT DOG
LEBERKÄSE
BRATWURST
PFERDELEBERKÄSE
WALDVIERTLER

Margaretenstadl
Würstelstand
Mo-Fr
07.00-24.00
ORIGINAL
GENIESS DEINE ERFRISCHUNG!
Einfach fabelhaft.
A1 Breitband Internet
mit gratis Laptop.
HP Laptop
€ 0,-
A1

WÜRSTELSTAND
Ottakringer

ROCK'N'WURST
ROCK'N'WURST
ROCK'N'WURST

Heisse am Gürtel
Gösser
HOT-DOG
BOSNA
FRISCHER KREN
SCHULLER
Pferdeleberkäs

WIENER
WÜRSTELSTAND
Zipfer
KLASSE HASSE
Hubertus Bräu
MEIN KUNDE IST KÖNIG
Zipfer

IMBISS
WÜRSTELSTAND
IMBISS
2. Alliierten-
straße

Burgtheater im KASINO
Curry-Krainer
Leberkäse
Riesen Hot-Dog
Grillwurst

HUMANIC
KEBAP & PIZZA WORLD
Hot-Dog mit
RIESEN HOT-DOG

FRIEDENS
BRUCKE
WÜRSTL KEBAP
Lesen!
Täglich!
Hier!
Unbedingt lesen!
NEWS
Werner
Mutlos

BAHAR BLUMEN

Würstelhütte
Würstelhütte

Mariahilfer Wurst Stadl
ZENTRALSPARKASSE
DER GEMEINDE WIEN
APOTHEKE
APOTHEKE
smartspaces.at
Offen
bis
05.00 Uhr
SALE

WIENER
WÜRSTELSTAND
Coca-Cola
Getränke

PIZZA-KEBAP-HOTDOG
SNACK
PIZZA-KEBAP-HOTDOG

OTTO'S WÜRSTELBAR
KAISER BIER
Zipfer
Zipfer

1. Schwarzenberg-
platz
IMBISSTREFF IN DER CITY
Coca-Cola
Coca-Cola
Coca-Cola
Coca-Cola
Coca-Cola
Coca-Cola
Coca-Cola
Coca-Cola
Coca-Cola

WÜRSTELBOX
Coca-Cola
Coca-Cola
WÜRSTELBOX
Coca-Cola
Coca-Cola
Coca-Cola
Coca-Cola
Coca-Cola

BUDDY
GRILL-SPEZIALITÄTEN
BRATWURST
PORTION
CEVAPČIĆI
PORTION
POMMES FRITES
PORTION
LANGOS
1 STÜCK
Zipfer
Zipfer
Zipfer
Glüh=
wein

Wiener Würstel
Wiener Würstel
ESKIMO

GARTEN GARTEN
GARTEN-BUFFET
GARTEN-BUFFET

PRATERBUFFET
SUMMER INSIDE
SUMMER INSIDE
Imbiss PRATERBUFFET Grill
HOT DOG
WÜRSTEL
POMMES
LANGOS

Gösser
WÜRSTEL - BUFFET
ZUM SEIDL
Gösser
Gösser
Hirter
Gösser
Trink
Coca-Cola
Der Durst stoppt hier
SEIT 1860
Gösser
GUT BESSER GÖSSER

Würstel-Hütte
ESKIMO
ESKIMO
ESKIMO
ESKIMO
ESKIMO
ESKIMO

FREIE BÜROFLÄCHEN
KGAL
österreichisches
theater
museum
khm
DER
ETTE
2.2. bis 24.9. 2012
W

TELSTAND WS SÜDTIROLERPLATZ

ADMIRAL SPORT
Hütteldorfer Stadl
Wiesbauer
SPEZIALITÄTEN
Wiesbauer
SPEZIALITÄTEN
Wiesbauer
INOFFIZIELLES FANBIER

Würstelmausi
Würstelmausi
PREISE
ESKIMO

Wiener Würstel
Kebap & Co.
Wiener Würstel
Kebap & Co.
ei & Konditorei

WÜRSTEL
RIESEN
HOTDOG
WÜRSTELSTAND
KAFFEE
Wiener
Würstel
POMMES FRITTES
Burenwurst
Bratwurst
Grillwurst
Klobasse gegr.
Pfefferwurst
Debreziner
KAFFEE
KAFFEE
NESCAFÉ
Schnitzelbox
KAFFEE
KAFFEE
RIESEN HOTDOG

PIZZA
Stiegl
frisch vom Fass
WIENER WÜRSTELSTAND
frisch vom Fass
Stiegl
Coca-Cola
Erfrisch Deinen Snack!

DON GIL

HOT DOG SCHNITZEL
Fünf Sterne Imbiss
LEBERKÄSE KEBAP
HOT DOG KEBAP SCHNITZEL
Fünf Sterne Imbiss
KEBAP
KLOBASSE
SCHNITZEL
HOT DOG
KLOBASSE

Hirter
Lenek's Wiener Würstelstand
Coca-Cola
Lenek's Wiener Würstelstand
Hirter
Hirter
KÄSEKRAINER · BRATWURST
Hirter
RESTMÜLL

WÜRSTELSTAND
"Am Nordpol"
OPEN

ERFRISCHENDES
IMBISS
www.wuerstelstand-stadion at
0676/95 67 612

ERRICHTET VON DER GEMEINDE WIEN IN DEN JAHREN 1932-193
SCHNELLIMBISS
"Zum kleinen Sacher"
Hot Dog
Heisse und gegrillte
Wurstwaren
KÄSEKRAINER
HOT DOG
HOT DOG
ausgen.

ALLEE Stüberl
IMBISS
TABAK
TRAFIK

Leonhard Weidinger

„WIENER WÜRSTCHEN? HAMMA NET.“

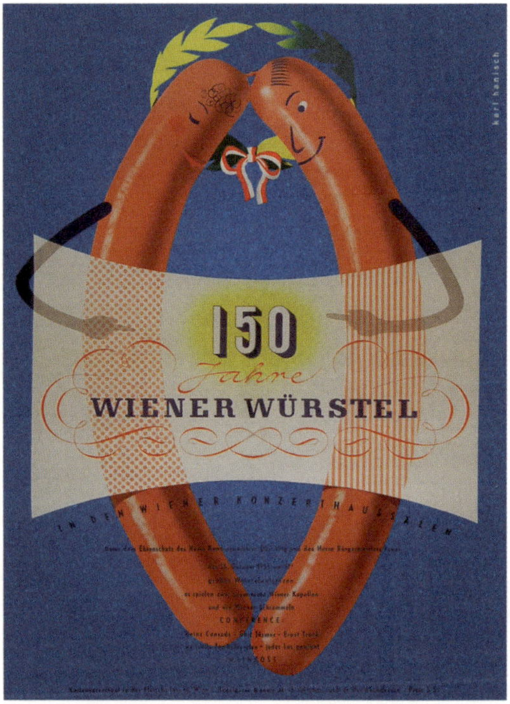

Karl Hanisch: „150 Jahre Wiener Würstel 150 years Wieners“, **Plakat** poster, **1955. Wienbibliothek im Rathaus, Wien** Vienna Library, Town Hall, Vienna, **Inv.-Nr.** inv. no. **P-100592.**

„Es ist mir wurscht“ bedeutet in Wien „Es ist mir gleichgültig“, „Wurschtigkeit“ entspricht „Teilnahmslosigkeit“ oder „Desinteresse“, der „Wurschtel“[1] ist der Hanswurst, der Kasperl … Die Wurst selbst aber ist in Wien ein durchaus ernst zu nehmendes und auch ernst genommenes Thema.[2]

“WIENERS? DON’T HAVE ’EM.”

In Vienna, “es ist mir wurscht” [lit. it’s sausage to me] means “I couldn’t care less”. “Wurschtigkeit” [lit. “sausageness”] is a synonym for indifference or lack of interest, “Wurschtel”[1] is a Hanswurst [a type of jester or fool]… In Vienna, the sausage itself is indeed a subject which is taken very seriously.[2]

Internationally, the wiener is probably one of the most famous culinary ambassadors of the city, along with the schnitzel and the Sachertorte. The Viennese, however, are unaware of this, since they call wieners [Viennese] “frankfurters”. Their inventor, Johann Georg Lahner, named them after the city where he trained as a butcher; in 1805 he first made the sausage that was to conquer the world. Thus, the request for wieners at a Viennese sausage-stand will usually generate the response “Hamma net”

[Viennese dialect for “don’t have ’em”]. A further, in no way less important matter is the diminutive; it is not, as in generic German, “Würstchen”, but “Würstel”, especially when served in pairs. Also, in Viennese dialect, a “Paar Würstel” (pair of sausages) becomes “Paarl Würstel” – with both words used in their (Viennese) diminutive form. The Viennese sausage-stand is a world in itself, in both culinary and linguistic terms; it is a jealously guarded yet constantly evolving tradition.

Let us take a look at the history of the sausages. Journalist and cookery book author Christoph Wagner (d 2010) named Homer as providing the first testimony to the existence of the sausage – in the Odyssey, he had the suitors

International ist das Wiener Würstchen wohl neben dem Schnitzel und der Sachertorte der bekannteste kulinarische Botschafter der Stadt. Den Wienerinnen und Wienern ist dies allerdings meist nicht bewusst, da sie die Wiener Würstchen „Frankfurter“ nennen. So taufte sie ihr Erfinder Johann Georg Lahner – nach der Stadt, in der er seine Fleischerlehre absolviert hatte. 1805 stellte er in Wien erstmals jene Wurst her, die die Welt erobern sollte. Die Bestellung von Wiener Würstchen an einem Wiener Würstelstand kann daher durchaus die Antwort „Hamma net“ – also „Haben wir nicht“ – zufolge haben. Zudem verkleinert man im Wienerischen die Wurst nicht zum Würstchen, sondern zum Würstel, insbesondere in der paarweisen Servierform. Niemals spricht man von einem Paar Würsten, sondern im zweimal angewandten Diminutiv vom Paarl Würstel. Der Wiener Würstelstand und seine Angebotspalette bilden kulinarisch wie sprachlich eine eigene Welt, die sich ihrer Eigenständigkeit bewusst ist und ihre Tradition pflegt – und sich doch im Lauf der Zeit stetig verändert.

Werfen wir also einen Blick auf die Geschichte der Würste: Der 2010 verstorbene Journalist und Kochbuchautor Christoph Wagner benannte als ersten Zeugen für die Existenz der Wurst Homer, der in der Odyssee die Freier um Penelope und Würste kämpfen ließ. Bereits den Babyloniern bekannt und bei den Griechen durch Vasenmalereien dokumentiert, erlangte die Wurst bei den Römern besondere Bedeutung als rituelle Festtagsspeise. So manifestierte sich in ihrer phallischen Form die Veränderung der Luperkalien vom Hirtenfest hin zu einem sexuellen Initiationsritus. Auch zu Orgien wurden Würste in vielfältigster Art gereicht.[3] Und genau diese Symbolik dekadent-sexueller Ausschweifung brachte die Wurst in Konflikt mit dem aufkommenden Christentum. Der neuen Religion freundlich gesonnene

[1] Bruno Kreisky (Austrian politician who served as Foreign Minister from 1959 to 1966 and as Chancellor from 1970 to 1983) used the term „ Wurschtel“ referring to Günther Nenning (a famous Austrian journalist, author and political activist), when the latter, as a nonconformist, was expelled from the SPÖ (the Social Democratic Party of Austria). Cf. Gerald Stieg: Versuch einer Philosophie des Hanswurst, in: Austriaca, 2ème Special Colloque, Deux Fois l’Autriche après 1918 et après 1945, Rouen 1979, pp 79–108, p 102f.

[2] This subject was even broached at the University of Vienna; among others at the lecture Zu einer Geschichte des Essens in Wien [a history of eating in Vienna] by Anton Staudinger in the winter semester of 1996/97, where the author, together with Mathias Lošek, studied the sausage for the first time. The findings from that time have had a continuous effect reaching as far as this contribution, for which we would like to thank Mathias Lošek.

[1] So bezeichnete Bruno Kreisky Günther Nenning, der als Querdenker 1985 aus der SPÖ ausgeschlossen wurde, als „Wurschtel“. Vgl. Gerald Stieg: Versuch einer Philosophie des Hanswurst. In: Austriaca, 2ème Special Colloque, Deux Fois l’Autriche après 1918 et après 1945, Rouen 1979, S. 79–108, bes. S. 102f.

[2] Selbst an der Universität Wien fand das Thema seinen Niederschlag, unter anderem in der Lehrveranstaltung „Zu einer Geschichte des Essens in Wien“ von Anton Staudinger im Wintersemester 1996/97, in der sich der Autor gemeinsam mit Mathias Lošek erstmals mit der Wurst auseinandersetzte. Die damaligen Ergebnisse und Erkenntnisse wirken bis in diesen Beitrag nach, wofür Mathias Lošek herzlich gedankt sei.

[3] Ein anschauliches Beispiel bieten René Goscinny und Albert Uderzo in „Asterix bei den Schweizern“ auf S. 10: „O Herr! Soll ich jetzt die Bärenblutwurst und die gefüllten Giraffenhälse auftragen lassen?“ René Goscinny, Albert Uderzo: Asterix bei den Schweizern (= Großer Asterix-Band XVI), Stuttgart 1973 [französisches Original Paris 1970].

römische Kaiser erließen Wurstverbote, deren Nichteinhaltung oft drastisch bestraft wurde.[4]

Ursprünglich stand der Gedanke der Haltbarmachung wohl an erster Stelle in ihrer Genese. In einer Wurst können nahezu alle essbaren Teile eines geschlachteten Tieres verarbeitet werden – als Fülle – und im Fall der Därme und Bauchnetze als Hülle. Seit jeher galt die Zusammensetzung der Wurstmasse als Geheimnis, dessen Aufdeckung man besser vermied. Geschichten, die von der Verwurstung sämtlicher Schlachtabfälle bis hin zu Klauen, Fell und Knochen erzählen, kursieren bis heute, ebenso wie jene von Vergiftungen und Krankheiten infolge der Konsumation von Würsten.[5]

Zur Wiener Geschichte der Wurst konzentriert sich die Literatur fast ausschließlich auf die Frankfurter und ihren Erfinder Johann Georg Lahner. Dieser hatte – wie schon erwähnt – in Frankfurt das Metzgerhandwerk erlernt und war auf der Walz nach Wien gekommen, wo er sich einige Zeit als Aufhackknecht verdingte. 1805 gründete er eine eigene Selcherei und präsentierte noch im selben Jahr die „Original Wiener Lahner-Frankfurter Würstel“.[6] Weder die Form als Paar noch die feine Mischung aus Rind- und Schweinefleisch in Schafsaitlingen waren in Wien vorher bekannt gewesen. Welche Wurstkultur das vorlahnerische Wien tatsächlich vorzuweisen hatte, ist mangels Quellen kaum feststellbar. Eine bekannte Figur im 18. Jahrhundert war der „Salamutschi“, ein Händler, der auf der Straße italienische Salamis, aber keine heißen Würste verkaufte.[7] Dazu merkten die Historikerin Eva Blimlinger und der Journalist Manfred Lang an: „Was Würste anlangt, mußten die Wienerinnen und Wiener damals wahrliche Banausen gewesen sein.“[8] Christoph Wagner allerdings schrieb, dass Wien historisch „ein besonders enges

fighting over Penelope and sausages. Known to the Babylonians and painted on ancient Greek vases, the sausage achieved particular significance with the Romans as ritual feastday fare. Its phallic shape was instrumental in changing the Lupercalia from a pastoral festival to a sexual initiation ritual. Many varieties of sausages were also served at orgies[3] – and it was as a symbol of decadent sexual excess that the sausage became so controversial for emerging Christian morality. The Roman emperor Constantine, who supported this new religion, issued a ban on sausages, with drastic punishments awaiting anyone who disobeyed.[4]

The original idea of the sausage presumably stems from the need to preserve meat. Almost all edible parts of a slaughtered animal can be processed into sausage filling, and intestines and stomach linings used as the casing. The ingredients of sausages have always been somewhat of a secret, the revelation of which was best avoided. There are all manner of stories about sausages containing everything from slaughterhouse waste to claws, fur and bones – or even about sausages causing poisoning or sickness.[5]

Literature on the Viennese history of sausages concentrates almost exclusively on the frankfurter and its inventor Johann Georg Lahner, who took to the road as a journeyman and eventually arrived in Vienna, where he worked as a so-called “chopper”, until in 1805 he founded his own smokehouse; that same year he produced the original Viennese Lahner frankfurters.[6] Vienna had never before seen sausages served in pairs, nor tasted the fine mélange of beef and pork in sheep's intestines. In the 18th century, the “Salamutschi” was a street vendor selling Italian salami but no hot sausages.[7] Historian Eva Blimlinger and journalist Manfred Lang commented that when it came to sausages, Viennese people at that time must have been “regular philistines”.[8] Christoph Wagner, on the other hand, wrote that Vienna had a special historical relationship with the sausage; he based this on the Wurstelprater (amusement park) and Stranitzky's Hanswurstbühne.[9] It is certain that sausage-making meant hard physical labour. The meat was taken directly after slaughtering, tenderised with mallets and finely chopped with a large mincing knife operated by two people. With the invention of frankfurters, the art of curing meat was refined, and sausages found their way into traditional cuisine and even into imperial stomachs. Johann Georg Lahner was permitted to serve his creation to

Verhältnis zur Wurst aufweist", und begründete dies mit dem Wurstelprater und Stranitzkys Hanswurstbühne.[9] Sicher ist nur, dass die Wursterzeugung harte körperliche Arbeit war. Das Fleisch wurde noch schlachtwarm mit Schlegeln zerklopft und mit einem Wiegeschneider, den zwei Personen bedienten, fein zerkleinert. Mit der Erfindung der Frankfurter war vor allem die Kunst des Selchens verfeinert worden und Würste erhielten Einzug auch in die gutbürgerliche Küche und sogar den Zutritt zu monarchischen Mägen. Johann Georg Lahner wurde gestattet, Kaiser Franz I. seine Kreation darzubieten, und Kaiser Franz Joseph I. soll sich zum Gabelfrühstück gelegentlich ein Paar Frankfurter gegönnt haben.[10] Bis zur Mitte des 20. Jahrhunderts existierten in Wien die zwei Berufe des Fleischhauers, der Fleisch von Rind, Kalb und Schaf verkaufte, und des Fleischselchers, der Schweine- und Selchfleisch verkaufte und Würste erzeugte.[11] Spätestens seit dem Beginn des 19. Jahrhunderts ist der Verkauf von heißen Würsten zum sofortigen Verzehr in Gassenläden nachweisbar.[12] Der Würstelstand in der heutigen Form entwickelte sich erst im 20. Jahrhundert und mit ihm die Angebotspalette. Auch Geschmäcker und Ernährungsgewohnheiten haben sich verändert, Innereien zum Beispiel finden sich mit Ausnahme der Leber heute kaum mehr im Angebot des Lebensmittelhandels und auf Speisekarten selbst traditioneller Lokale. Mit Innereien, Blut, Speck und Knorpeln können Würste solche „unpopulären" Zutaten enthalten. Sie sind aber in der Masse kaum erkennbar – und man will es ja auch nicht so genau wissen. Zur Beruhigung sei betont: Die Zusammensetzung der Wurst ist lebensmittelgesetzlich klar geregelt, für Österreich im Codex alimentarius austriacus:

[4] Christoph Wagner: Fast schon Food. Die Geschichte des schnellen Essens, Frankfurt am Main, New York 1995, S. 120–126.

[5] „Das Gift in der Wurst" beschreibt u.a. Eva Blimlinger in: Wenn es um die Wurst geht ..., in: Michael Pammer, Herta Neiß, Michael John (Hg.): Erfahrungen der Moderne. Festschrift für Roman Sandgruber zum 60. Geburtstag, Stuttgart 2007, S. 385–402, bes. S. 394–401.

[6] Vgl. Blimlinger, ebd., S. 389f. und Peter Payer: Der Geschmack der Stadt. Der Wiener Würstelstand – Nahversorger und Imageproduzent, in: Geschmacksache. Was Essen zum Genuss macht, Ausst.-Kat. Technisches Museum, Wien 2008, S. 74–81, 74.

[7] Der „Salamutschi" ist in Johann Christian Brands 1775/76 publizierten Wiener Kaufrufen abgebildet. Vgl. auch Robert Sedlaczek: „Salamini, da bin i!" Zur Rekonstruktion eines vergessenen Originals, in: Christoph Wagner, Robert Sedlaczek (Hg.): Österreich für Feinschmecker. Das kulinarische Jahrbuch 1997, Wien 1996, S. 193–197.

[8] Eva Blimlinger, Manfred Lang: Frankfurter. Das Gabelfrühstück der Wiener. In: Christoph Wagner, Robert Sedlaczek (Hg.), Österreich für Feinschmecker. Das kulinarische Jahrbuch 1995, Wien 1994, S. 30–39, 32.

[9] Wagner, wie Anm. 4, S. 130.

[10] Blimlinger, Lang, wie Anm. 8, S. 30.

[11] Johannes Berger, Günther Gebauer, Hans Haas, Hans Lehner, Josef Ottenschläger: Das Fleischerbuch. Ein Nachschlagewerk für die österreichischen Fleischer. Wien 1974, S. 114.

[12] Siehe z. B. den Bilderbogen „Wien um 1805: Fleischerladen in der Tuchlauben" in: Festschrift mit offiziellem Programm. 150 Jahre Wiener Würstl! Samstag, den 15. Oktober 1955, Wiener Konzerthaus. Eigentümer, Herausgeber, Verleger und für den Inhalt verantwortlich: Emanuel Fiscus, Wien I., Judenplatz 5, S. 16.

[3] This is illustrated in René Goscinny and Albert Uderzo's Asterix in Switzerland (p 10): „As it happens, my cook has been making bear black pudding and stuffed giraffes' necks... I think there's some boar's tripe fried in aurochs dripping left too".

[4] Christoph Wagner: Fast schon Food. Die Geschichte des schnellen Essens, Frankfurt am Main, New York 1995, p 120–126.

[5] Among other things Eva Blimlinger describes „the poison in sausage" in: Wenn es um die Wurst geht ..., in: Michael Pammer, Herta Neiß, Michael John (ed.): Erfahrungen der Moderne. Festschrift for Roman Sandgruber for his 60th birthday, Stuttgart 2007, pp 385–402, pp 394–401.

[6] Cf. Blimlinger, ibid., p 389f. and Peter Payer: Der Geschmack der Stadt. Der Wiener Würstelstand – Nahversorger und Imageproduzent, in: Geschmacksache. Was Essen zum Genuss macht, exhibition catalogue Technical Museum, Vienna 2008, pp 74–81, here p 74.

[7] The „Salamutschi" is depicted in Johann Christian Brand's Wiener Kaufrufen, published in 1775/76. Cf. also Robert Sedlaczek: „Salamini, da bin i!" Zur Rekonstruktion eines vergessenen Originals, in: Christoph Wagner, Robert Sedlaczek (ed.): Österreich für Feinschmecker. Das kulinarische Jahrbuch 1997, Vienna 1996, pp 193–197.

[8] Eva Blimlinger, Manfred Lang: Frankfurter. Das Gabelfrühstück der Wiener. In: Christoph Wagner, Robert Sedlaczek (ed.), Österreich für Feinschmecker. Das kulinarische Jahrbuch 1995, Vienna 1994, pp 30–39, here p 32.

[9] Joseph Anton Stranitzky, an actor and the manager of the indigenous Austrian popular theatre, developed the improvisational jester character „Hanswurst". Wagner: Fast schon Food, p 130.

> **Unter Würsten werden Fleischerzeugnisse verstanden, die aus zerkleinertem Skelettmuskelfleisch und Fettgewebe (in der Regel Speck) unter Zusatz von Kochsalz und Gewürzen, bei bestimmten Wurstsorten auch unter Mitverwendung von Innereien, Blut, Salzstoß, Schwarten, sowie unter Zusatz von Trinkwasser (Eis) im Sinne des Codexkapitels B 1 und anderen Zutaten (Lebensmittel und Zusatzstoffe) hergestellt werden.[13]**

Würste werden nach der Herstellungsmethode in drei Gruppen unterschieden: Rohwürste, zu denen zum Beispiel die Salami zählt, werden, wie schon der Name verrät, aus rohem Fleisch sowie Speck und Gewürzen hergestellt und durch Trocknen oder Selchen haltbar gemacht. Als Kochwürste bezeichnet man Würste, die mit bereits gekochten Zutaten, oft auch Innereien, gefüllt sind. Vertreterinnen dieser Gattung sind Blutwurst, Leberwurst und Sulz, wobei besonders die Blutwurst essenzieller Bestandteil der österreichischen und Wiener Küche ist, im Ganzen gebraten, als G'röstl, als Teil des Heurigenbuffets.[14] Die im Angebot der Würstelstände vertretenen Würste gehören zur dritten Gruppe, den Brühwürsten. Deren Masse besteht vor allem aus Brät, das heißt aus Speck und Fleisch, sie werden, nachdem sie zum Teil geräuchert wurden, gegart.

Für Wien existiert keine solitär identitätsstiftende Wurstsorte, wie es etwa die Weißwurst für München oder die Bratwurst für Nürnberg ist.[15] Vielmehr ist es die Vielfalt des Angebots, das typisch ist für den Wiener Würstelstand. Drei Würste sind es, die sich diese Funktion des Wahrzeichens teilen: Zum einen die schon genannte Frankfurter und zum zweiten die Burenwurst, die vor allem durch ihre Präsenz in der Literatur und Musik[16] als die traditionelle Wurst am Wiener

Emperor Franz I, and Emperor Franz Joseph I was even known to indulge in a pair of frankfurters for his brunch.[10] In Vienna, up to the mid-20th century, there was a distinction between the butcher, who sold beef, veal and mutton, and the smoker, who sold pork and cured meats and produced sausages.[11] Street vendors selling ready-to-eat hot sausages can be traced at least to the early 19th century.[12] It was only in the 20th century that the sausage-stand evolved into its present form with its wide range of products. Tastes and eating habits have also changed; offal, for instance, with the exception of liver, is now a rare offering on menus, even in traditional establishments. Sausages, however, can contain "unpopular" ingredients such as offal, blood, fat and cartilage, since this is hardly noticeable in the mixture – and no-one really wants to know exactly what is inside. Just to put people at ease, the composition of sausages is strictly controlled by food and hygiene legislation, in Austria the Codex alimentarius austriacus:

> Sausages are defined as meat-based products produced from chopped connective tissue and fat (usually bacon) with added cooking salt and spices (in certain types of sausage also using offal, blood, Salzstoss[13] and bacon rind) and added drinking water (ice), in accordance with codex chapter B 1 and other ingredients (foodstuffs and additives).[14]

Sausages are divided into three categories, according to production method: cured sausages, as for instance the salami, are produced with raw meat as well as bacon and spices and preserved by drying or smoking. Cooked sausages are made with cooked ingredients, often also offal. These include black pudding, liver sausage and aspic, black pudding playing an essential part in Austrian and particularly Viennese cuisine – fried whole, sliced in a potato fry-up or served cold in wine-tavern buffets.[15] The sausages served at sausage-stands belong to the third group: boiled sausages. The filling consists mainly of sausage-meat, i.e. bacon and meat. Some are smoked and all of them are then cooked in water.

Vienna has no particular sausage with which it identifies, as for instance Munich has the Weisswurst (white veal sausage) or Nuremberg the Bratwurst.[16] It is the wide variety of choices that makes the typical Viennese sausage-stand. Three sausages share this emblematic status in Vienna: first, the afore-mentioned

Würstelstand gelten kann. An dritter Stelle ist die Käsekrainer zu nennen, die zwar relativ jung ist – sie wurde um 1980 „erfunden“ –, sich aber rasch einen Spitzenplatz in der Gunst der Kundschaft erworben hat.

Außer zur schon beschriebenen Frankfurter ist zu den Würsten historisch wenig bekannt. Einer der Klassiker am Wiener Würstelstand, die Burenwurst, die mit Brät, Speck und Salzstoß[17] gefüllt ist, wird im Jargon der erfahrenen Kundschaft als „Haße“ bezeichnet. Doch trifft dies für alle Wurstsorten zu: sie werden alle heiß serviert, auf dem Grill gebraten oder im Kessel gekocht, wobei Kochen nicht der korrekte Ausdruck ist. Das Wasser wird nicht bis zum Siedepunkt erhitzt, die Würste sollen darin langsam ziehen. Bezüglich der Burenwurst ist nicht einmal klar, ob ihr Name aus dem Norddeutschen oder Niederländischen übernommen wurde oder ob ein Zusammenhang mit den Buren Südafrikas besteht. Ein zusehends im Verschwinden begriffenes Synonym für die Burenwurst ist „Klobasse“. Hier liegt die Herkunft des Wortes relativ klar auf der Hand: „Wurst“ heißt im Slowenischen und im Slowakischen „klobása“, andere slawische Sprachen haben verwandte Bezeichnungen.[18] Christoph Wagner nannte das „Burenhäutl (auch: ‚Haße‘)“ an 28. Stelle der „dreißig besten österreichischen Gerichte“ und beschrieb diese Wurst als „Freiluft-Fast-Food ohne jeden südafrikanischen Bezug, bei dem sich der Genuß reziprok zur Außentemperatur verhält.“[19] Der Wiener Stadthistoriker Peter Payer ist hier anderer Meinung: Er beschreibt, dass um 1900 vor allem deutschnational eingestellte Wienerinnen und Wiener den Kampf der südafrikanischen Buren gegen die britische Kolonialmacht in Südafrika unterstützten. Sie bekundeten ihre Sympathie durch die Sammlung von Spendengeldern, aber auch durch symbolische Zeichen wie die Komposition von Burenmärschen und -liedern,

[10] Blimlinger, Lang, as in footnote 8, p 30.

[11] Johannes Berger, Günther Gebauer, Hans Haas, Hans Lehner, Josef Ottenschläger: Das Fleischerbuch. Ein Nachschlagewerk für die österreichischen Fleischer. Vienna 1974, p 114.

[12] See e.g. the picture sheet Wien um 1805: Fleischerladen in der Tuchlauben in: Festschrift with official programme. 150 Jahre Wiener Würstl! Saturday, 15 October 1955, Vienna Konzerthaus. Owner, editor, publisher and responsible for the content: Emanuel Fiscus, Vienna I., Judenplatz 5, p 16.

[13] fat and connective tissue ground up with salt.

[14] Taken and translated from: Österreichisches Lebensmittelbuch, IV. Auflage, Codexkapitel / B 14 / Fleisch und Fleischerzeugnisse, p 36, PDF see http://portal.wko.at/wk/format_detail.wk?angid=1&stid=154903&dstid=323#Einzelne_Kapiteln (last sighted in October 2012).

[15] Christoph Wagner: Blunzen müssen nicht bled sein. Die Geschichte der Blutwurst. In: Christoph Wagner, Robert Sedlaczek (ed.): Österreich für Feinschmecker. Das kulinarische Jahrbuch 1997, Vienna 1996, pp 98–105.

[16] This doesn't mean that other Austrian cities don't have their own sausage specialities to offer. Cf. e.g. Salzburg: Peter Breitschopf: Würstl. Standl. Kollegienkirche. Die „Frischen“ schmecken am besten, wenn sie kein „Zwölfeläuten“ gehört haben. In: Christoph Wagner, Robert Sedlaczek (ed.): Österreich für Feinschmecker. Das kulinarische Jahrbuch 1995, Vienna 1994, pp 27–29.

[13] Österreichisches Lebensmittelbuch, IV. Auflage, Codexkapitel / B 14 / Fleisch und Fleischerzeugnisse, S. 36, PDF siehe http://portal.wko.at/wk/format_detail.wk?anid=1&stid=154903&dstid=323#Einzelne_Kapiteln (Stand Oktober 2012).

[14] Christoph Wagner: Blunzen müssen nicht bled sein. Die Geschichte der Blutwurst. In: Christoph Wagner, Robert Sedlaczek (Hg.): Österreich für Feinschmecker. Das kulinarische Jahrbuch 1997, Wien 1996, S. 98–105.

[15] Dass auch in anderen österreichischen Städten Spezialitäten am Würstelstand zu bekommen sind, steht außer Frage. Vgl. etwa für Salzburg: Peter Breitschopf: Würstl. Standl. Kollegienkirche. Die „Frischen“ schmecken am besten, wenn sie kein „Zwölfeläuten“ gehört haben. In: Christoph Wagner, Robert Sedlaczek (Hg.): Österreich für Feinschmecker. Das kulinarische Jahrbuch 1995, Wien 1994, S. 27–29.

[16] Vgl. H. C. Artmann: Im Schatten der Burenwurst. Skizzen aus Wien. Mit Zeichnungen von Ironimus [= Gustav Peichl]. Salzburg, Wien 1983. Auf der LP „Es lebe der Zentralfriedhof“ von Wolfgang Ambros aus dem Jahr 1975 findet sich das gemeinsam mit Georg Danzer gesungene Lied „A Gulasch und a Seitel Bier“, in dem es heißt: „A Kracherl und a Burnhaut, des hot mi oft scho virreghaut aufd Nocht, wann da Mogn krocht. I gib ma, bin i sehr am Sand, a Infusion beim Wirschtlstand, jawohl.“ Auch Ostbahn-Kurti besang 1985 in „Kilo“ die „Burenhaut“ etc.

[17] Salzstoß besteht aus Sehnen, Muskelhäuten und Fleischresten, vermahlen mit Salz.

[18] Peter Payer behauptet, dass slowakisch „klobása“ „Bauer“ bedeuten würde. Hier irrt er. Vgl. Payer, wie Anm. 6, S. 77.

[19] Christoph Wagner: Die dreißig besten österreichischen Gerichte, in: Christoph Wagner, Robert Sedlaczek (Hg.), Österreich für Feinschmecker. Das kulinarische Jahrbuch 1997, Wien 1996, S. 149–153, hier S. 153.

das Tragen von Burenhüten und eben auch durch Speisen wie den Burenhering und die Burenwurst.[20]

Die geschichtliche Rolle Wiens als Hauptstadt des Vielvölkerstaates der habsburgischen Donaumonarchie wirft auch sonst ihren Schatten – wenn auch nur einen kleinen – auf die Angebotstafeln der Würstelstände: Die Debreziner verweisen auf Ungarn, die zweite Hälfte der Doppelmonarchie, nicht nur durch ihre Benennung nach der ostungarischen Stadt Debrecen, sondern auch durch die Würze des Brät mit edelsüßem Paprika. Aus einer Region nordwestlich von Wien stammt die Waldviertler, eine leicht geräucherte Brühwurst mit einer Füllung aus Brät und Fleisch, deren Besonderheit ihre dunkle Haut ist. Wesentlichen Anteil am Angebot der Wiener Würstelstände haben die Bratwürste. Sie werden entweder in einer schmäleren Version mit um die zwei Zentimeter Durchmesser oder in der breiteren Version von rund drei Zentimeter Durchmesser angeboten. Gefüllt sind sie mit verschiedenen Brät-Variationen.

Eine österreichische Kreation des ausgehenden 20. Jahrhunderts ist die Käsekrainer. Sie ist eine Variante der Krainer Wurst, die wiederum mit der Burenwurst verwandt ist, und besteht aus Schweinefleisch-Brät versetzt mit Käsestücken. Am Wiener Würstelstand wird die Käsekrainer auch despektierlich „Eitrige“ genannt, ein nicht unbedingt appetitanregender, aber durchaus nachvollziehbarer Name.

In einer eigenen Liga spielt der Leberkäse. Er enthält weder Leber noch Käse – außer es handelt sich um Käse-Leberkäse –, ist zwar grundsätzlich eine Wurst, unterscheidet sich aber schon durch seine Form von allen anderen Würsten. Serviert wird er in Scheiben, die von dem großen Laib abgeschnitten werden.[21] Einzelne Wiener

frankfurter; second, the Burenwurst (a dark cured sausage), considered traditional at Viennese sausage-stands, particularly due to its occurrence in Austrian literature and music.[17] The third is the Käsekrainer (Polish kransky sausage with Emmental cheese). Despite its being relatively young – it was “invented” around 1980 – it soon became a favourite with customers.

Apart from the frankfurter, little is known about the history of the sausages. One of the Viennese classics is the Burenwurst, made with sausage-meat, bacon and “Salzstoss”; regulars refer to it in dialect as “Hasse” [lit. hot one]. This, however, applies to all the sausages, as they are all served hot, either grilled or boiled in water. Boiling is not quite the correct term, since the water is heated but not brought to a boil, and the sausages are left to simmer slowly. It is unclear whether the name Burenwurst originated from North German or Dutch, or whether there is a connection with the South African Boers. A slowly disappearing synonym for the Burenwurst is “Klobasse”, the origin of which is relatively clear: in Slovenian, the word for sausage is klobása, and other Slavic languages have similar words for it.[18] Christoph Wagner also referred to the Burenwurst as “Hasse” in Number 28 of the Thirty Best Austrian Dishes and described the sausage as “outdoor fast food with no relation whatsoever to South Africa, the enjoyment of it being in inverse ratio to the outdoor temperature.”[19] The Viennese historian Peter Payer, however, holds a different opinion: he claims that around 1900, particularly the German-nationally orientated Viennese supported the South African Boers in their struggle against British colonial power. They expressed their sympathy by collecting donations, but also with symbolic acts such as composing marches and songs for the Boers, wearing Boer hats and naming dishes such as the Burenhering and the Burenwurst.[20]

The historical role of Vienna as the capital of the multinational Danube Monarchy is perceptible in the product range of Viennese sausage-stands: the Debreziner are a reference to Hungary, the other half of the Dual Monarchy, not only being named after the eastern Hungarian town of Debrecen, but also due to the sweet paprika powder used to season the sausage-meat. The Waldviertler, a lightly smoked and therefore dark-skinned boiled sausage filled with sausage-meat and meat, comes from a region north-west of Vienna. The varieties of Bratwurst

[17] Cf. H. C. Artmann: Im Schatten der Burenwurst. Skizzen aus Wien. Mit Zeichnungen von Ironimus [= Gustav Peichl]. Salzburg, Vienna 1983. The Wolfgang Ambros’ album Es lebe der Zentralfriedhof (1975) bears the song sung together with Georg Danzer A Gulasch und a Seitel Bier, with the lyrics: „A Kracherl und a Burnhaut, des hot mi oft scho virreghaut aufd Nocht, wann da Mogn krocht. I gib ma, bin i sehr am Sand, a Infusion beim Wirschtlstand, jawohl.“ In 1985, Ostbahn-Kurti sung about the „Burenhaut“ in Kilo etc.

[18] Peter Payer claims that „Klobása“ is „farmer“ in Slovakian. In that he is mistaken. Cf. Payer, as in footnote 6, p 77.

[19] Christoph Wagner: Die dreißig besten österreichischen Gerichte, in: Christoph Wagner, Robert Sedlaczek (ed.), Österreich für Feinschmecker. Das kulinarische Jahrbuch 1997, Vienna 1996, pp 149–153, here p 153.

[20] Peter Payer, as in footnote 6, p 77.

[20] Payer, wie Anm. 6.

[21] Eine Leberkäse-Instanz, zwar außerhalb Wiens gelegen, doch auch bis dort bekannt, ist der Leberkas-Pepi in Linz, der zwölf Leberkäse-Sorten anbietet. Vgl. dazu René Freund: Donau, Stahl und Wolkenklang. Linzer Augenblicke, Wien 2008, S. 81ff.

[fried sausage] forms a substantial part of the menu at Viennese sausage-stands. Served either in a thinner (¾ in) or thicker variety (1¼ in), they are filled with different variations of sausage-meat mixtures.

A 20th-century Austrian invention is the Käsekrainer. This is a variation of the Krainer sausage which, in turn, is related to the Burenwurst and consists of pork sausage-meat with small pieces of cheese. At Viennese sausage-stands, the Käsekrainer is often referred to as “eitrige” [pus-filled], a not entirely appetizing but quite understandable epithet.

Würstelstände bieten noch weitere Wurstsorten an, oft sind es Variationen der schon genannten.

Die Vielfalt des Angebots geht aber über die Wurstsorten hinaus. Die Formen der Zubereitung und des Servierens bieten weitere Varianzen: Burenwurst und Käsekrainer werden sowohl im Kessel als auch auf dem Grill zubereitet, Würste werden im Ganzen, halbiert oder in kleinere Stücke aufgeschnitten gereicht, dazu gibt es süßen oder scharfen Senf, Ketchup, Kren, Pfefferoni oder Essiggurkerl, abgerundet mit Semmel oder Brot. Handelt es sich beim Brot um das Scherzerl, also den Anschnitt, spricht man am Würstelstand auch vom „Buckel“. Traditionell wird auf einem Papierteller angerichtet, in einigen Fällen auch auf Porzellan, der Verzehr erfolgt dann am Stand oder an einem Stehtisch in der Nähe. In den letzten Jahren des 20. Jahrhunderts hat auch der Hotdog in Wien Einzug gehalten, doch anders als beim US-amerikanischen Original wird am Wiener Würstelstand nicht nur die Frankfurter, sondern jede Wurst aus dem Angebot in ein weißes Weckerl gesteckt – das erleichtert die Mitnahme.

Vieles hat sich in den letzten Jahrzehnten verändert, so auch der soziale Status der Würstel. Als im Jahr 1955 die Frankfurter ihren 150. Geburtstag feierten, stand dieses Fest, das am 15. Oktober 1955 im Wiener Konzerthaus abgehalten wurde, als Symbol für den Wiederaufbau Österreichs in einer Reihe mit der Neueröffnung von Staatsoper und Burgtheater, auch wenn es neben dem Staatsvertrag und der damit zurückerlangten Souveränität Österreichs keinen Platz in den offiziellen Annalen fand. Die Festschrift mit offiziellem Programm wurde von Franz Ihm, dem Landesinnungsmeister des Fleischergewerbes, mit folgendem Text eingeleitet:

Eine weltbekannte Wiener Spezialität, die „Würstl", wurden vor 150 Jahren zum ersten Mal von einem Wiener Selchmeister, dem Herrn Johann Georg LAHNER, hergestellt. Sie traten in unglaublich kurzer Zeit einen Siegeszug nicht nur in Europa, sondern auch in Übersee an und daher ist es wohl berechtigt, daß das Fleischergewerbe Wiens den 150. Geburtstag dieses Spezialerzeugnisses gebührend feiert. Die Landesinnung Wien der Fleischer hat die Wiener Bevölkerung eingeladen, am 15. Oktober in das Wiener Konzerthaus zu kommen, um dort bei froher Musik diesen Geburtstag zu feiern. Hiebei werden alle Besucher Gelegenheit haben, sich nicht nur dank des großen Programms einige Stunden unbeschwert zu unterhalten, sondern sich auch von dem hohen Standard der heimischen Wurstproduktion zu überzeugen. Bekannte Firmen der Fleischerbranche werden außer den Wiener Würstln auch alle anderen Sorten von Wurstwaren in hervorragender Qualität zu volkstümlichen Preisen zum Kauf anbieten.

Erfreulicherweise haben sich die wirtschaftlichen und politischen Verhältnisse Österreichs wieder stabilisiert, sodaß nun auch eine friedensmäßige Beschickung des Marktes mit Lebensmitteln aller Art möglich ist. Das Fleischergewerbe wird auch weiterhin bestrebt sein, hochwertige Waren zur Verfügung zu stellen, wie es der Tradition des Berufsstandes entspricht.

Den Geburtstag der Wiener Würstl glauben wir aber auch nicht vorübergehen lassen zu dürfen, ohne jenem Teil der Bevölkerung, der durch Schicksalsschläge in Not geraten ist, aus diesem Anlaß eine kleine Freude zu bereiten. Das Fleischergewerbe hat daher dem Bürgermeister der Stadt Wien eine für

The Leberkäse [lit. liver-cheese] is in a class of its own. It contains neither liver nor cheese – apart from Käse-Leberkäse [lit. cheese liver-cheese]. Though it is technically a sausage, it differs from all other sausages in its shape. It is served in slices cut from a large loaf.[21] Some Viennese sausage-stands offer further types of sausages, though more often than not, these are merely variations on those already mentioned.

Apart from the different kinds of sausages, further variety is provided in preparation and serving: Burenwurst and Käsekrainer can be either simmered in a pot or grilled; sausages can be served whole or cut up. The choice of condiments and other accompaniments include sweet or hot mustard, ketchup, horse-radish, chilli peppers, pickled gherkins and Semmel [Kaiser rolls] or bread. The heel of the bread is also referred to as a "Buckel" [hump]. Traditionally, the sausages are served on paper plates, or occasionally on chinaware. The sausages are then eaten directly at the stand or at a bar table nearby. In recent years, the hot dog has found a place in Vienna, but unlike in the US, any sausage from the menu can be served in the bun, which makes it easier to take away.

The many changes in recent decades include the social status of the sausage. When the frankfurter celebrated its 150th anniversary, the festivity held on 15 October 1955 in the Vienna Konzerthaus to mark the occasion was taken as a symbol for the reconstruction of Austria, together with the reopening of the State Opera and the Burgtheater – even if it was not accorded a place in the official annals beside the signing of the Austrian State Treaty and with it the re-establishment of Austria as a sovereign state, which all took place that year. The Festschrift with the official programme was introduced by Franz Ihm, the master of the butchers' guild, with the following words:

> The world-famous Viennese speciality, the "Würstl" [Austrian diminutive for sausages], were first produced 150 years ago by Viennese master smoker Johann Georg Lahner. In an incredibly short time they became famous not only in Europe but also overseas, giving the Viennese butchers' guild good reason to celebrate the 150th anniversary of this special product. On October 15, the Vienna butchers' guild has invited the Viennese public to attend this celebration at the Vienna Konzerthaus, accompanied by cheerful

[21] One Leberkäse establishment, though not located in Vienna, is Leberkas-Pepi in Linz (the capital of Upper Austria), where as many as twelve types of Leberkäse are served. Cf. René Freund: Donau, Stahl und Wolkenklang. Linzer Augenblicke, Vienna 2008, pp 81.

[22] Festschrift with official programme. 150 Jahre Wiener Würstl! Saturday, 15th October 1955, Vienna Konzerthaus. Owner, editor, publisher and responsible for the content: Emanuel Fiscus, Vienna I., Judenplatz 5, p 3.

[22] Festschrift mit offiziellem Programm. 150 Jahre Wiener Würstl! Samstag, den 15. Oktober 1955 Wiener Konzerthaus. Eigentümer, Herausgeber, Verleger und für den Inhalt verantwortlich: Emanuel Fiscus, Wien I., Judenplatz 5, S.3.

music. Visitors will have the opportunity to enjoy not only the extensive programme of events, but also to sample the high-quality products of our local sausage manufacture. Well-known meat production companies will be selling not only wieners, but also other types of high-quality sausage products at affordable prices.

It is good news that Austria's economic and political circumstances have once more stabilised, so that it is now possible, in peacetime, to supply the market with provisions of all kinds. Butchers will continue to put their best efforts into providing high-quality products, in accordance with long-standing tradition.

We cannot, of course, let this anniversary of the Vienna sausage pass without providing a tasty surprise for those hard-hit by fate. So the Butchers' Association has supplied the mayor of the City of Vienna with a donation of wienerwurst for the children in the orphanages. This is in keeping with the tradition of the trade, which has always been prepared to make its contribution to bring relief to those in need.

I would like to wish our guests an enjoyable day at the anniversary celebration and hope that the wienerwurst will remain the favourite dish of young and old alike.[22]

die Zöglinge der Waisenhäuser bestimmte Spende von Wiener Würstln zur Verfügung gestellt. Es folgt damit einem alten Brauch des Berufsstandes, der immer bereit war, sein Schärflein zur Linderung der Not beizutragen.

Mit dem Wunsche, daß sich unsere Gäste bei der Geburtstagsfeier in den Konzerthaussälen recht wohl fühlen, möchte ich der Hoffnung Ausdruck geben, daß das Wiener Würstl auch fernerhin die Lieblingsspeise von Jung und Alt bleiben möge.[22]

2005 hatten die Frankfurter ihren 200. Geburtstag. Einige kurze Berichte war dieses Jubiläum den Medien wert, einen großen Festakt wie zum 150er gab es aber nicht. Auf dem Fastfood-Feld hat sich in den letzten Jahren und Jahrzehnten zunehmend die Konkurrenz der Würstelstände etabliert – mit Kebab und Falafel, Langos und Pizzen, Asia Noodles und anderen kulinarischen Immigranten. Zum Teil wird seitens der Würstelstandler versucht, neue Trends zu etablieren. Einige verschwanden mangels Erfolg wieder, wie jener Stand, der ausschließlich vegetarische Würste anbot, andere scheinen zumindest erfolgreich gestartet zu sein wie der Gourmet-Würstelstand am Schwedenplatz, der am 2. Mai 2012 unter großem Interesse von Prominenz und Medien eröffnet wurde. Von einer Krise der Würstelstände ist Wien aber noch weit entfernt und auch die „klassischen" Würstelstände sind meist gut besucht. Nach wie vor nimmt der Fleischverbrauch pro Kopf in Österreich kontinuierlich zu und liegt bereits bei über 100 Kilogramm, die eine Person durchschnittlich im Jahr verzehrt. Dass die Wurst aber immer noch wesentliche Identitätsträgerin ist, zeigte sich im Streit um die Käsekrainer im Jahr 2012. Die Krain, ehemaliges habsburgisches Kronland und heute Teil der Republik Slowenien, war Namensgeberin für eine Wurst, die angeblich durch Kaiser Franz Joseph

über die regionalen Grenzen hinausgehende Bekanntheit erlangt hatte. Slowenien wollte nun bei den EU-Behörden den Namen „Kranjska Klobasa" als geografisch geschützte Angabe eintragen lassen. Österreichische Wursterzeuger befürchteten, dass sie die „Käsekrainer" nicht mehr als solche bezeichnen dürften,[23] und forderten Unterstützung seitens der Politik. Am 15. Juni 2012 erklärte schließlich der österreichische Landwirtschaftsminister Berlakovich, dass man einen Kompromiss gefunden habe: Slowenien lasse die Marke „Kranjska Klobasa" schützen, erlaube aber Österreich weiterhin die Bezeichnungen „Krainer" und „Käsekrainer" beizubehalten.[24] Der Friede am Würstelstand blieb also gewahrt. Denn wenn es um die Wurst geht ...

In 2005 the frankfurters celebrated their 200th anniversary. The media commemorated the occasion in a few short articles, though there was no large-scale celebration like the one for the 150th anniversary. Culinary immigrants such as the kebab, falafel, langos, pizzas and Asian noodles have become fierce competitors in the field of fast food. Some sausage-stand owners are trying to create new trends. Though some, like the one who offered only vegetarian sausages, have failed, others seem at least to have started off successfully, like the gourmet sausage-stand on the Schwedenplatz, which held its grand opening on 2nd May 2012 in the presence of celebrities and media. So far, Vienna is far from experiencing a sausage-stand crisis– and even the "classic" sausage-stands are mostly well-frequented. Meat consumption in Austria is still increasing; the current annual average consumption is 220 lbs of meat per head. The dispute in 2012 over the Käsekrainer shows that the sausage still commands an iconic status. Krain, the Duchy of Carniola in the Austro-Hungarian empire and today part of the Republic of Slovenia, had given the name to this sausage, which allegedly achieved trans-regional fame through Emperor Franz Joseph. When Slovenia applied for Protected Geographical Indication status for the "Kranjska Klobasa", Austrian sausage manufacturers feared that they would no longer be able to call their sausage "Käsekrainer",[23] and demanded political support. On 15th June 2012 the Austrian minister of agriculture, Nikolaus Berlakovich, declared that a compromise had been achieved: Slovenia would protect the brand "Kranjska Klobasa", but it would still permit Austria the use of the names "Krainer" and "Käsekrainer".[24] Thus peace was maintained at the sausage-stands. After all, when it comes to the (savoury) crunch...

[23] These fears were fully justified, as examples from recent years demonstrate. In 2004, Hungary had the name Tokaji/Tokajer legally registered as an indication of geographical origin for wine: http://ec.europa.eu/agriculture/markets/wine/e-bacchus/index.cfm?event=pdfEccgi&language=DE&eccgiId=4960 (last sighted in September 2012). Then, however, in Friuli in Italy and the neighbouring Slovenian wine regions, a variety of wine was named „Tocai" and in Alsace „Tokay" was a synonym for Pinot Gris – both terms are no longer allowed to be used on labels.

[24] See also the article in Die Presse (15.6.2012): http://diepresse.com/home/panorama/oesterreich/766208/Streit-beendet_Kaesekrainer-bleibt-Kaesekrainer- (last sighted in October 2012).

[23] Diese Befürchtungen waren durchaus berechtigt, wie Beispiele aus den letzten Jahren belegen. So ließ Ungarn den Namen Tokaji/Tokajer 2004 als geografische Herkunftsangabe von Wein umfassend gesetzlich schützen: http://ec.europa.eu/agriculture/markets/wine/e-bacchus/index.cfm?event=pdfEccgi&language=DE&eccgiId=4960 (Stand September 2012). Nun wurde aber im italienischen Friaul und den angrenzenden slowenischen Weinbaugebieten eine Weinsorte „Tocai" genannt, im Elsass war „Tokay" ein Synonym für den Pinot Gris – beide Bezeichnungen dürfen auf Etiketten nicht mehr verwendet werden.

[24] Siehe u.a. den Bericht in der Presse vom 15.6.2012: http://diepresse.com/home/panorama/oesterreich/766208/Streit-beendet_Kaesekrainer-bleibt-Kaesekrainer- (Stand Oktober 2012).

Tex Rubinowitz

ALLES HAT EIN ENDE

Einen Wettbewerb, bei dem Wurst und Käse antreten, um sich zu messen, wer wie oft in unserem aktiven Wortschatz als Metapher zum Einsatz kommt, würde wohl die Wurst für sich entscheiden; nicht nur in ihrer Häufigkeit, sondern auch als sympathisch kumpelhafter Begleiter unser aller Zustandsgebundenheit. Wenn etwas Käse ist oder jemand käsig aussieht, ist das entweder nichts, und man erwartet auch nicht, dass aus der Richtung noch etwas kommt. Oder man sieht gleich aus wie jemand, dessen Teint auf einen Gesundheits- oder geistigen Zerrüttungszustand schließen lässt, der nicht unbedingt besorgniserregend ist, sondern allenfalls zum Spott taugt.

Ist aber einem etwas wurscht, ist das der resignative Fatalismus, der uns allen eigen ist, mit dem Schicksal besser umgehen zu können. Es ist mir gleichgültig, es interessiert mich nicht, ich kann es ja ohnedies nicht ändern. Ähnlich wie „das ist Jacke wie Hose" also „das ist eins wie das andere". Da die beiden Enden der Wurst völlig gleich sind, so ist es egal, welches Ende man anschneidet. Der Ausruf „Wurst wider Wurst!" heißt: Gleiches mit Gleichem vergelten. Aber nicht im Sinne der biblischen Vergeltungsformel „Auge um Auge, Zahn um Zahn" (Exodus 21,23-25), sondern gar nicht so böse gemeint, denn die Redensart kommt von der Sitte, sich beim Schlachtfest gegenseitig mit Würsten, Fett und Fleisch zu beschenken.

Möglicherweise ist auch an Wurst als Werktagsessen in geringschätzigem Sinne

Tex Rubinowitz: „Sie wollen mich offenbar fertig machen They're obviously trying to screw me up…", **Zeichnung mit Kugelschreiber, aquarelliert** ballpoint pen drawing, watercolour, **ca. 1990er-Jahre/2013 aktualisiert** c 1990s/updated in 2013. **Privatbesitz, Wien** Privately owned, Vienna.

EVERYTHING HAS AN END

If Wurst and Käse [cheese] were to have a contest to see which occurs how often as a metaphor in our active vocabulary, Wurst would certainly win – not only as being used more often, but also as a familiar accompaniment to our immutability. If something is dubbed "Käse", or someone looks "käsig", either it's nonsense and nothing more is to be expected from that quarter, or the person looks a physical or mental wreck, though not yet giving cause for alarm, but rather for ridicule.

But if we regard something as "Wurst", this reflects resignation – the way we all have of dealing with fate. I'm indifferent to it, I'm not interested – there's nothing I can do about it, anyway. It's all the same to me, or, it's six of one and half a dozen of the other. Since both ends of the sausage are alike, it doesn't matter which end is cut first. "Wurst wider Wurst!" signifies retaliation: "tit for tat" – though not quite in the biblical sense of "eye for eye, tooth for tooth" (Exodus xxi. 23); it is not meant so aggressively, coming from the rural custom of mutual gifts of meat and sausages after animals have been slaughtered.

Possibly there is also the idea of sausages seen disparagingly as common, everyday food, in contrast to the Sunday roast. On 22nd December 1853, Otto von Bismarck wrote to his sister from the Frankfurt Bundestag: "I am getting accustomed, in the consciousness of yawning innocence, to submit to all symptoms of coldness, and permit a spirit of entire indolence [Wurschtigkeit] to possess me..."

In his song "Alles hat ein Ende, nur die Wurst hat zwei" [Everything has an end; only the sausage has two] singer and composer Stephan Remmler (b 1946) describes a man who leaves his girl-friend in order to be free to start a new relationship. He then regrets his decision and tries to take up with her again, only to discover that she is already seeing another man. Here, too, the sausage is a fatalistic synonym for a world which leads us to believe that we have a second chance, but which ultimately turns out to be merely the extended version of a chimæra.

The sausage is closest to us when it's a question of the general demands life makes of us to keep functioning as expected. Few of us, however, are born winners; life always involves failure – round every corner, at all times and places – so we are simply content to muddle through (durchwurschteln). Does this make us sausages. Or are we more like cheese? – Neither one nor other – we can even be vegetarian and still assume the assimilating, though not opportunist, qualities of the sausage. The American poet John Godfrey Saxe (1816–1887) wrote: "The less the people know about how sausages and laws are made, the better they sleep in the night." So let us sleep well and let others make the sausages. While they're about it, they probably also make the laws that govern the functioning of our world.

gedacht, im Gegensatz zum Sonntagsbraten. Otto von Bismarck schrieb am 22. Dezember 1853 seiner Schwester vom Frankfurter Bundestag: „Ich gewöhne mich daran im Gefühle gähnender Unschuld alle Symptome von Kälte zu ertragen und die Stimmung gänzlicher Wurschtigkeit in mir vorherrschend werden zu lassen ...“

In seinem Lied „Alles hat ein Ende, nur die Wurst hat zwei“, dessen Titel auf einer Redensart basiert, beschreibt Sänger und Komponist Stephan Remmler (geb. 1946) einen Mann, der seine Freundin verlässt, um eine neue Beziehung eingehen zu können. Er bereut den Entschluss jedoch, will die Beziehung mit der Freundin erneuern und muss feststellen, dass sie bereits mit einem anderen Mann liiert ist. Auch hier wieder die Wurst als fatalistisches Synonym für eine Welt, die zwar vorgaukelt, dass man noch eine zweite Chance bekäme, die aber letztlich nur die Extended Version einer Chimäre ist.

Am nächsten ist uns die Wurst, wenn es um die allgemeinen Anforderungen des Lebens geht, die es an uns stellt, immer zu funktionieren, ihnen zu entsprechen. Aber die Wenigsten von uns sind eben als Sieger geboren; Scheitern ist dem Leben immer immanent, an jeder Ecke, an jedem Ort, zu jeder Zeit, weswegen wir es vorziehen, uns durchzuwurschteln. Sind wir deshalb Würste? Oder sind wir doch eher Käse? Weder noch, man muss keine Wurst werden, man kann sogar Vegetarier bleiben, um sich die assimilierenden, aber nicht opportunistischen Eigenschaften der Würste zu eigen zu machen. Der amerikanische Dichter John Godfrey Saxe (1816–1887) schrieb: „Je weniger die Leute wissen, wie Würste und Gesetze gemacht werden, desto besser schlafen sie!“ Also lasst uns ruhig schlafen und die Würste machen lassen, vielleicht oder wahrscheinlich machen sie sogar die Gesetze, nach denen diese unsere Welt funktioniert.

6., Pilgrambrücke

7., Lerchenfelder Gürtel

16., Thaliastraße

4., Wiedner Hauptstraße

3., Landstraßer Hauptstraße

6., Mariahilfer Straße

1., Seilergasse

2., Prater

1., Rotenturmstraße

3., Baumgasse

1., Irisgasse

7., Stiftgasse

8., Hernalser Gürtel

Wiener Flughafen (Schwechat)/Abflugstraße

2., Kratky-Baschik-Weg

1., Franz-Josefs-Kai

1., Franz-Josefs-Kai

7., Zieglergasse

3., Kegelgasse

8., Pfeilgasse

22., Rautenweg

11., Ravelinstraße

13., Kennedybrücke

6., Naschmarkt

3., Baumgasse

17., Jörgerstraße

2., Ausstellungsstraße

1., Hoher Markt

6., Kettenbrücke

17., Alszeile

2., Straße des ersten Mai

3., Kegelgasse

3., Modecenter Straße

11., Simmeringer Platz

15., Mariahilfer Gürtel

14., Bujattigasse

10., Quellenstraße

2., Franzens-
brückenstraße

9., Heiligenstädter
Straße

1., Albertinaplatz

15., Mariahilfer Straße

3., Landstraßer
Hauptstraße

1., Kärntner Straße

1., Krugerstraße

11., Simmeringer
Hauptstraße

3., Rochusmarkt

2., Leichtweg

12., Hohenbergstraße

10., Quellenplatz

21., Mühlschüttelgasse

7., Burggasse

10., Quellenplatz

14., Linzerstraße

14., Brudermanngasse

5., Margaretenplatz

17., Hernalser Gürtel

8., Josef-Matthias-Hauer-Platz

9., Julius-Tandler-Platz

10., Triester Straße

6., Linke Wienzeile

16., Lerchenfelder Gürtel

16., Johann-Nepomuk-Berger-Platz

7., Lerchenfelder Gürtel

7., Lerchenfelder Straße

2., Alliiertenstraße

1., Schwarzenbergplatz

9., Alser Straße

9., Friedensbrücke

6., Linke Wienzeile

6., Mariahilfer Straße

1., Burgring

1., Kärntner Ring

3., Arsenalstraße

1., Schwarzenbergplatz

3., Johannesgasse

2., Straße des ersten Mai

1., Börseplatz

16., Johann-Staud-Straße

2., Prater

2., Zufahrtsstraße

13., Hietzinger Hauptstraße

2., Zufahrtsstraße

4., Wiedner Gürtel

14., Hütteldorfer Straße

15., Neubaugürtel

15., Neubaugürtel

1., Kärntner Ring

1., Weiskirchnerstraße

1., Kupferschmiedgasse

3., Radetzkyplatz

9., Währinger Straße

2., Am Nordpol

2., Olympiaplatz

3., Obere Bahngasse

2., Stadionallee

DANK AN/THANKS TO:

Katharina Bösch, Claudia Cavallar, Roman Keller, Paul Krehan, Lisa und Arthur Oláh, Agnes Pluch, Anouk Rehorek, Tex Rubinowitz, Oliver Spies, Daniel Spoerri, Peter Vadura, Leonhard Weidinger, Krzysztof Wolczak und and **Anja Zachhuber sowie ganz besonders** and particularly to **Thomas Zedrosser und** and **der Firma Radatz** Radatz sausage specialities **für Anregungen, Kritik und Unterstützung** for ideas, criticism and support.

IMPRESSUM/IMPRINT

Bibliografische Information der Deutschen Nationalbibliothek Die Deutsche Nationalbibliothek verzeichnet diese Publikation in der Deutschen Nationalbibliografie; detaillierte bibliografische Daten sind im Internet über http://dnb.d-nb.de abrufbar.
The Hot 95 is listed in the German National Bibliography; detailed bibliographic data can be viewed at http://dnb.d-nb.de.

Konzipiert und herausgegeben von/
Conceived and edited by: **Sebastian Hackenschmidt**
Fotografien/Photographs: **Stefan Oláh**
Lithografie/Lithography: **malkasten vienna** [malkasten]
Buch Entwurf/Book Design: **Anouk Rehorek (studio VIE)**
Lektorat/Proofreading: **Anja Zachhuber**
Herstellung/Production: **Nadine Löbel**
Übersetzung/Translation: **Fiona Schamberger, Gail Schamberger (FIMA Language Solutions)**
Druck/Printing: **Druckerei Theiss, St. Stefan im Lavanttal**
Gedruckt in Österreich/Printed in Austria

Gedruckt mit Unterstützung von/Printed with support by: **Radatz**

RADATZ
Schmeckt

ISBN 978-3-7025-0697-1

www.pustet.at